서울대 법대 아빠의
초등 국어 공부법

상위 1%의 공부머리를 키우는

서울대 법대 아빠의 초등 국어 공부법

설공아빠(김성수) 지음

빌리버튼 billybutton

서울대 법대 아빠가 국어를 가르칩니다

저는 초등학교와 중학교에 다니는 두 아이를 키우고, 가르치는 아빠입니다. 아이들을 가르치면서 자연스럽게 공부법과 대학입시에 관심이 생겼습니다. 제가 대학입시를 본 지도 20여 년이 지났는데, 그사이에 많은 것이 바뀌었더군요. 대학입시에서 논술의 중요성은 낮아졌고 이제는 논술을 안 보는 대학도 많습니다. 그런데 최근 수능에서 국어가 중요해졌습니다. 국어 성적에 따라 입시의 당락이 정해진다고 합니다. 부모들과 아이들은 바뀐 입시제도로 인해 혼란에 빠졌습니다. 국어를 잘하려면 책을 많이 읽으면 되는지, 문제집을 풀어야 하는지, 학원을 다녀야 하는지, 한자 공부를 해야 하는지 등등 고민은 커져만 갑니다. 게다가 수행평가와 내신에서도 큰 비중을 차지하게 된 국어는 현실적인 문제가 되었습니다.

저도 같은 고민을 하고 있습니다. 두 아이에게 국어공부를 어떻게 가르쳐야 할지 늘 생각합니다. 초등학교와 중학교에 다니는 두 아이의 입시를 준비하는 과정에서도 국어가 중요하지만 공부의 근본에는 국어가 있기 때문입니다. 요즘 화두로 떠오른 문해력만 봐도 그렇습니다. 글을 읽고 이해하는 능력인 문해력이 없으면 수학문제조차 풀 수 없습니다. 문제에서 물어보는 바를 이해하지 못하면 아무리 선행학습을 해도 모래 위의 성일뿐입니다.

두 아이에게 모든 공부의 기초인 국어 실력을 키워주고 싶어서 책을 찾아서 읽고 교육에 관한 좋은 강의를 찾아 들었습니다. 과거의 제 공부경험에 비추어 여러 이론과 방법을 분석하기도 했습니다. 그러다 좋은 국어공부법이라는 판단이 들면 제 아이들에게 실제로 적용해 보았습니다. 제가 아이들과 함께하는 국어공부에 관심을 보이는 부모들과 스터디를 만들어서 같이 실천해 보기도 했습니다.

이 책에는 그동안 직접 적용해본 다양한 국어공부법을 담았습니다. 독서습관을 잡는 방법, 교과서를 제 것으로 만드는 낭독 독서법, 문해력을 키워주는 문제집 학습법 등 가정에서 해볼 수 있는 국어학습의 모든 방법을 실었습니다. 또 아이들에게 읽히면 좋은 책과 좀 더 좋은 학습효과를 기대할 수 있는 문제집도 추천했습니다. 아무쪼록 이 책이 국어가 고민인 부모들에게 작은 희망이 될 수 있기를 같은 부모의 마음으로 기원합니다.

1장 국어가 왜 중요한가요

2장 　공부의 기초를 쌓는 국어

3장 글을 읽는 힘을 길러주는 독해

4장 국어 실력을 탄탄하게 다지는 쓰기

5장 매일 조금씩 쌓이는 어휘

6장 전문가의 도움이 필요할 때는 학원

1장

국어가 왜
중요한가요

수학은 모두가 열심히,
영어는 절대평가

이제는 국어를 열심히 공부해야 한다는 이야기가 들려옵니다. 최근 몇 년 사교육 시장에서의 가장 큰 화두는 국어입니다. 그동안 수학과 영어 뒤로 밀려있던 국어가 중요해졌습니다. 대학입시에서 국어가 가지는 변별력이 커졌기 때문입니다. 수능에서 국어가 어려워지면서 불국어, 마그마국어라는 신조어까지 등장했습니다. 입시 트렌드에 민감한 사교육업계에서는 발 빠르게 반응해 국어학원이 늘어나고, 국어 문제집도 많이 나오고 있습니다.

대학입시에서 국어 과목의 변별력이 커졌다는 것은 다른 과목과 비교할 때 상대적인 중요성이 커졌다는 것을 의미합니다. 이는 입시의 특성과 관련이 있습니다. 입시는 한정된 시간 동안 일정량의 공부를 하고 여러 과목에서 얻은 점수를 합산하여 결과를 정합니다. 여기서 중요한 것은 시간이 한정되었다는 점입니다. 입시에서 좋은 결과를 얻으려면 이 한정된 시간을 잘 활용해서 가능한 높은 점수를 받아야 합니다. 우리가 준비해야 할 과목은 여러 가지인데 공부에 쓸 시간은 정해져 있기 때문에 어떤 과목을 얼마큼 공부할지를 잘 판단해야 합니다. 전략적으로 공부를 해야 좋은 결과를 얻을 수 있습니다. 고3 수능 때까지 100이라는 시간을 쓸 수 있다고 할 때 어떤 과목에 얼마큼의 시간을 쓰는지가 입시 결과를 좌우한다는 말입니다.

어떤 과목에 시간을 얼마큼 쏟아야 할지는 시험제도에 따라 다릅니다. 좋은 결과를 얻으려면 입시와 관계없는 과목에 들어가는 시간을 줄이고, 입시와 밀접한 과목에 쓰는 시간을 늘려야 합니다. 시험제도를 잘 살펴보고, 비중이 높은 과목에 많은 시간을 써야 합니다.

합격에 필요한 점수를 100점이라고 가정해보죠. 국영수에 각각 얼마나 시간을 써야 할까요? 이 중 50점 정도를 차지하는 것은 수학입니다. 그래서 수학을 공부하는데 가장 많은 시간을 씁니다. 어느 순간 수학을 놓아버리는 학생을 수포자라고 하는데 수포자라는 말이 있다는 것은 모두가 수학에 진심을 다해 열심히 한다는 뜻입니다. 열심히 해도 안 되니까 포기하는 거죠. 국포자나 영포자라는 말은 없습니다. 수학이 입시에서 차지하는 비중이 너무나 크기 때문에 모두가 열심히 하고, 그래서 상위권 대학을 목표로 하는 학생들 사이에서 수학은 변별력이 크게 작용하기 어렵습니다.

수학을 빼면 영어와 국어가 남습니다. 원래 영어는 수학 다음으로 중요했습니다. 수학은 워낙 중요하고 많은 시간을 들이기에 영어를 가지고 합격이 결정되는 일이 많았기 때문입니다. 영어가 상대평가이던 시절에는 말입니다. 그래서 영어가 발목을 잡지 않도록 어릴 때부터 영어 공부에 많은 시간을 쓰는 것이 입시 트렌드였습니다.

그런데 수능 영어가 절대평가로 바뀐 뒤로 영어의 중요성은 상대적으로 낮아졌습니다. 절대평가 특성상 다른 학생보다 높은 점수를 받는 것보다 내가 얼마큼의 점수를 받는지가 중요해졌기 때문입니다. 더이상 학생들이 영어에 많은 시간을 쓰지 않게 되었습니다. 종전에는 수학 : 영어 : 국어 = 50 : 30 : 20의 비율로 시간을 쓰고 있었다면 이제는 수학 : 영어 : 국어 = 50 : 20 : 30의 비율이 되었습니다. 현재 수능과 입시 제도에서는 영어보다 국어가 상대적으로 더 중요해졌습니다.

그동안 가려졌던
국어의 중요성

입시에서 국어가 상대적으로 중요해진 것과는 별개로 국어는 절대적으로 중요한 과목입니다. 국어는 모든 공부의 기초기 때문입니다. 국어를 못하면 다른 과목을 잘하기 힘듭니다. 초등학교에서 배우는 교과서나 문제집만 봐도 이를 알 수 있습니다. 수학 문제집에서 문장으로 풀어놓은 문제를 읽고 무엇을 묻는지 이해하지 못해서 문제를 풀지 못하는 아이도 있고, 사회 교과서에 나오는 단어를 몰라서 교과서 내용을 이해하지 못하는 아이도 있습니다.

어떤 과목이든 읽고 듣고 쓰고 말하기는 필요합니다

우리는 공부를 할 때 읽고 듣고 쓰고 말합니다. 책을 읽고, 선생님의 말씀을 듣고, 노트에 쓰고, 다른 사람에게 말을 하면서 공부합니다. 언어를 배우는 국어와 영어는 당연히 그러하고, 수와 기호로 이루어진 수학도 마찬가지입니다. 개념을 듣고, 문제를 읽고, 문제 풀이를 쓰고, 정답이 나온 과정을 다른 사람에게 설명하기도 합니다. 과학이나 사회 과목도 똑같습니다.

공부를 하는 모든 활동이 결국은 국어를 기반으로 이루어집니다. 읽기, 듣기, 쓰기, 말하기를 하지 않으면서 공부하는 것은 불가능합니다. 국어를 못하면 지식을 습득할 수 없습니다. 초등 교과과정을 살펴보면 국어 과목에 배당된 시간은 다른 과목보다 1.5배 이상입니다. 국어가 뒷받침되지 않으면 다른 과목 공부에 악영향을 미칠 수 있기 때문에 국어 과목에 많은 시간을 쓰는 것입니다.

입시공부에서 특히 국어가 중요합니다

공부에서 인풋은 읽기와 이해로 이루어지는데, 국어를 잘하는 학생은 읽기와 이해의 속도가 빠릅니다. 학습이 속도 경쟁은 아니지만, 같은 시간 내에 더 많은 정보를 받아들이고(읽기) 이를 소화할 수 있다면(이해) 공부를 더 잘할 수 있게 됩니다. 배워야 하는 것의 대부분은 읽기를 바탕으로 하기 때문에 입시에서 국어의 중요성은 매우 큽니다. 고3 때까지 100을 공부해야 할 때, 국어를 잘하는 학생은 더 빨리 100을 배우고 이해하기에 시간을 더 효율적으로 쓸 수 있습니다.

실제 시험에서는 국어의 중요성이 더 드러납니다. 대입 수능은 시험시간이 정해져 있습니다. 짧은 시간 동안 많은 글을 읽고, 문제를 이해하고, 풀어내야 합니다. 글 읽는 속도가 느리거나 글을 이해하는 데 오래 걸리는 학생은 시험을 잘 보기 힘듭니다. 국어를 잘해서 문제를 빨리 파악하는 학생이 실제 시험에서 유리합니다. 수능이 끝나고 나면 시간이 부족해서 뒷부분 문제는 보지도 못하고 찍었다는 학생들의 이야기를 종종 듣습니다. 이 학생이 국어를 잘했더라면, 국어공부를 열심히 했더라면 좀 더 좋은 점수를 받을 수 있었을 겁니다.

초등부터 국어공부를
해야 하는 이유

사실 얼마 전까지만 하더라도 초등 국어에 대한 관심이 크지 않았습니다. 초등학생이 하는 국어공부라고 하면 독서만 생각했었죠. 초등 국어를 가르치는 학원도 딱히 없었습니다. 그래도 독서교육에 대한 관심은 있었기 때문에 책을 읽고 독후 활동을 하는 학원이나 학습지가 있기는 했습니다. 보통은 입학 전에 집에서 학습지로 한글을 깨치고, 아이들에게 좋은 책을 읽게 하는 정도가 초등 국어공부의 대부분이었습니다.

다른 과목보다 뒷전인 국어공부

초등학교에서 중학교 때까지는 영어와 수학을 중요하게 생각하는 것이 보통입니다. 두 과목의 선행은 흔한 일이지만 국어 선행은 생각하지 않습니다. 오히려 국어보다 사회나 과학 과목을 고민하는 부모들이 주위에 많습니다. 초등학교 4학년부터 사회, 과학 교과서가 어려워지는데, 새로 접하는 내용은 어떻게 공부시키면 좋을지에 대해서 고심합니다.

오히려 아이의 국어공부를 고민하는 부모는 의외로 적습니다. 국어는 우리말과 우리글이니까 조금만 시간을 들이면 언제든 잘할 수 있으니 어릴 때는 책이나 좀 읽으면 되는 것 아니냐는 이야기를 많이 듣습니다.

저는 아이들 공부를 위해 국어 스터디를 여러 개 운영하고 있습니다. 독서, 독해, 어휘 등 국어의 여러 파트를 공부할 수 있는 온라인 국어 스터디를 운영해보니 국어 문제집을 처음 풀어본다는 아이들이 생각보다 많습니다. 영어, 수학 문제집은 몇 권씩 풀면서 국어는 제대로 안 한다는 의미입니다. 특히 국어 어휘집은 있는지도 몰랐다는 부모도 많습니다. 요즘은 서점에 가면 국어 어휘 문제집이 여러 출판사에서 나오고 있는데, 이런 어휘집의 존재 자체를 모르는 경우도 흔합니다.

국어는 천 리 길입니다. 일찍 출발하세요

그런데 몇 년 전부터 국어공부를 시작하는 연령이 점점 내려오기 시작했습니다. 이제는 초등부터 국어학원을 보내야 한다는 이야기가 조금씩 들립니다. 초등학생을 대상으로 국어를 가르치는 학원도 몇 곳 생겼고 기존에 중고등학생을 대상으로 하던 국어학원들이 초등학생 반을 새로 개설하는 모습도 보입니다. 점점 국어공부를 하는 연령이 확장되고 있습니다. 그럼 정말로 초등학교 때부터 국어를 공부해야 할까요? 그렇습니다. 국어공부를 일찍 시작하면 장점이 많습니다.

초등학교 때부터 국어공부를 해야 하는 가장 중요한 이유는 국어공부를 완성하는데 많은 시간이 걸린다는 점입니다. 국어는 짧은 시간에 성적을 끌어올리기가 쉽지 않습니다. 고등학교 때를 생각해보면, 국어에서 발목이 잡힌 학생들은 계속 그 점수를 벗어나지 못했습니다. 수학이나 영어를 잘하는 학생들이 국어 때문에 희망대학이나 희망하는 과에 지원하지 못하고 하향지원하는 경우를 종종 보았습니다.

국어가 걸림돌이 되니까 고2, 고3이 되어서 뒤늦게 국어공부에 많은 시간을 투자해도 결국 한계를 극복하지 못했던 사례를 너무나 많이 보았습니다. 국어에서 한 등급을 올리는 것은 너무 힘든 일입니다. 수학 등급을 단기간에 올리는 경우는 종종 있지만, 단기간에 국어 점수를 몇십 점씩 끌어올리는 것은 어렵습니다.

그것은 국어가 가지는 언어로서의 특성 때문입니다. 국어는 어휘, 독서, 독해, 쓰기, 말하기가 종합적으로 결합된 과목입니다. 국어의 각 부분은 서로 밀접하고 조밀하게 그물망처럼 연결되어 있습니다. 어휘가 부족하면 독서와 독해가 안 되고, 쓰기나 말하기도 잘하기 어렵습니다. 또 독서가 안되면 어휘와 쓰기가 안됩니다. 어느 한 부분이 부족하면 다른 부분에도 영향을 미칩니다. 한 부분만 올려봐야 다른 부분 때문에 국어 성적은 쉽게 오르지 않습니다. 그래서 종합적으로 각 부분을 함께 올려야 하는데, 그러다 보니 시간이 많이 걸립니다.

이처럼 국어공부를 완성하는데 많은 시간이 걸리기 때문에 초등학교 때부터 국어공부를 해야 합니다. 적어도 10년 이상은 국어를 꾸준히 공부해야 수능 국어에서 요구하는 수준에 도달할 수 있습니다. 하지만 현실은 그렇지 못합니다. 많은 학생이 고등학교에 올라가서야 국어공부를 시작합니다. 고등학교에서 본 첫 번째 모의고사의 국어 점수를 확인하고 화들짝 놀라 국어공부를 시작하는 사례를 많이 봤습니다. 초·중학교 때는 국어 점수를 체감할 일이 별로 없거든요.

국어의 중요성을 깨닫게 되는 순간은 대부분 고1 모의고사입니다. 처음으로 국어시험을 제대로 보고 나니 국어가 문제라는 것을 체감하게 되는 것이죠. 내신도 마찬가지입니다. 내신성적 하나하나가 입시와 연관되는데 그동안 소홀히 했던 국어 과목에서 많은 학생들이 고생합니다. 국어를 제대로 공부해본 적이 없기 때문에 국어를 어떻게 공부해야 하는지를 모른 채 실전에 나서야 하는 것이 현실입니다.

초등학생 자녀를 둔 부모라면 서점에 가서 중학교 교과서나 중학교 국어 문제집을 살펴보세요. 초등학교 교과서와는 완전히 다른 수준의 어휘와 독해 지문이 나옵니다. 고등학교는 더하고요. 국어는 시간이 갈수록 어려워집니다. 따라서 국어는 저절로 되는 것이라는 생각을 버려야 합니다. 국어는 그냥 되지 않습니다. 국어공부를 따로 해야 하고, 그 공부는 초등학교 때부터 시작되어야 합니다.

초등학교 때부터 하루에 한자어 3개를 공부한다고 가정해보죠. 일 년이면 1,000개를 볼 수 있습니다. 초중고 12년이면 12,000개의 어휘를 공부합니다. 수능을 볼 때까지 12,000개의 어휘를 공부한 학생이 수능 볼 때 어휘 때문에 고생하게 될까요? 어휘를 몰라서 국어문제를 틀릴까요? 반대로 고등학교에 들어가서야 어휘 부족을 느끼고 뒤늦게 12,000개의 어휘를 공부하려고 하면 1년에 4,000개씩 봐야 합니다. 하루에 국어 어휘만 100개를 봐야 하는데 이건 사실상 불가능합니다. 국어만 공부하는 것이 아니기 때문입니다.

어휘뿐만이 아닙니다. 독서와 독해는 또 어떤가요? 어려서부터 여러 분야의 책을 골고루 읽은 아이, 독서습관이 잘 잡힌 아이라면 수능에서 어려운 지문이 나올수록 기뻐할 것입니다. 다른 아이들이 처음 보는 내용에 당황할 때 그 아이는 자신 있게 문제를 풀 것입니다. 불국어에 감사하면서 말이죠.

국어공부는 천 리 길입니다. 지루하고 먼 길을 잘 가려면 일찍 출발하는 것이 가장 좋습니다. 천 리 길을 한달음에 뛰어갈 수 없으니 묵묵히 걸어가는 대신 조금 서둘러서 출발해야 합니다. 초등학교 때부터 국어공부에 신경을 쓰고, 관심을 가져야 하는 이유입니다.

독서 : 독해 : 어휘 : 쓰기의

황금비율

그렇다면 초등 국어공부를 어떤 식으로 하면 좋을까요? 앞으로 초등 국어를 영역별로 어떻게 공부하면 좋을지에 대해서 자세하게 말씀을 드릴 건데요. 그에 앞서 큰 그림을 한 번 보고 가겠습니다. 이걸 알고 있어야 구체적으로 국어공부를 시킬 때 흔들리지 않고 중심을 잡을 수 있습니다.

초등 국어공부는 독서, 독해, 어휘, 쓰기의 네 영역으로 구분해서 하면 좋습니다. 중학교, 고등학교에 올라가면 국어문법 등 내신을 위한 국어공부가 추가되는데, 초등 단계에서는 국어의 기본기를 쌓는다는 측면에서 이들 네 개의 영역에 초점을 맞추는 것을 추천합니다.

독서, 독해, 어휘, 쓰기는 서로 유기적으로 연결되어 있기 때문에 어느 하나에만 치중하거나 어느 하나를 소홀히 해서는 국어의 기본기가 무너질 수 있습니다. 각 영역을 고루고루 공부하는 것이 바람직합니다.

그러나 독서와 독해, 어휘, 쓰기를 모두 같은 비율로 할 수는 없습니다. 강약 조절이 필요합니다. 공부는 언제나 시간과의 싸움이기 때문입니다. 독서, 독해, 어휘, 쓰기를 골고루 공부하되 시간 배분을 잘해줘야 합니다. 독서 : 독해 : 어휘 : 쓰기의 황금비율은 2:1:1:1입니다. 독서를 많이 하면서 독해, 어휘, 쓰기는 균등하게 하는 방법입니다.

독서를 중심에 둬야 합니다

초등 국어에 있어 가장 중요한 것은 독서입니다. 초등 국어는 수능 국어의 기초를 쌓는 과정이기 때문입니다. 초등학생에게는 수능까지 10여 년의 시간이 있습니다. 수능을 준비하는 긴 여정에 있어 초등 단계는 기본기를 탄탄히 하는 시기입니다. 이때 독서량을 충분히 확보하지 않으면 이후 국어공부가 너무 힘들어집니다. 그동안 읽은 것이 없으니 어렵고 복잡한 글을 읽을 수 없고, 읽는 훈련을 하지 않았으니 국어가 힘들게만 느껴집니다.

또 초등학생이 아니면 독서시간을 확보하는 것이 힘듭니다. 지금도 너무 시간이 없다고요? 아이가 영어학원, 수학학원에서 내주는 숙제하는 것만으로도 허덕인다고요? 맞습니다. 유치원 때부터 영어에 많은 힘을 쏟는 것이 요즘 분위기입니다. 영어유치원을 다니면 하루에 많은 시간을 영어에 투자해야 합니다. 영어유치원을 다니지 않더라도 엄마표 영어든, 영어학원을 다니든 간에 어릴 때부터 영어를 많이 접하게 해주려고 애씁니다. 수학은 또 어떤가요? 일찍부터 교과 선행을 나가는 경우도 많고, 사고력수학이라고 해서 수학에 흥미를 붙이기 위한 여러 가지 학원을 다니기도 합니다.

이렇게 영어, 수학에 많은 시간을 쓰다 보니 정작 국어에 쓸 시간은 부족합니다. 가만 생각해보세요. 내 아이가 그동안 영어원서를 많이 읽었는지, 한글책을 많이 읽었는지를 말입니다. 한글책을 충분히 읽혔다고 자신 있게 답할 수 있는 부모는 그리 많지 않을 것 같습니다.

이런 현상은 중·고등학교에 가면 더욱 심해집니다. 공부는 더 어려워지고 경쟁은 더 치열해집니다. 초등학교 때는 내신에 대한 부담이 적잖아요. 학교수업도 상대적으로 쉬운 편이고요. 하지만 중학교부터는 내신공부를 해야 하는데, 그 양만 해도 어마어마해서 시험

기간에는 다른 공부를 할 시간이 안 나옵니다. 거기에 수행평가는 정기적인 시험 이외에 또 시간을 투자해야 합니다. 책 한 권 읽을 시간이 안 나옵니다.

학교가 이런데 학원은 또 어떻겠어요? 학원에서 보내는 시간도 많아지고 학원 숙제도 많아집니다. 아이들은 학교 수업과 학원 공부를 충실하게 하려다 보면 책 읽을 시간이 없다는 하소연을 많이 합니다. 그러니 초등학교 때 독서를 해야 합니다. 그나마 지금이 가장 여유 있는 시기입니다. 지금 시간이 없다고 책을 읽지 않으면 나중에는 정말 읽지 못합니다. 독서시간을 따로 확보하고 자연스럽게 책을 접할 수 있게 도와줘야 합니다.

독해 문제집 1권은 꾸준히 해야 합니다

그럼 책만 읽으면 모든 것이 해결될까요? 슬프게도 그렇지 않습니다. 책을 많이 읽으면 국어 성적이 높을 것이라는 생각은 부모의 기대일 뿐입니다. 독서를 많이 한 아이가 국어 시험을 잘 볼 가능성은 높지만, 그 가능성이 현실화되는 것은 좀 다른 문제입니다.

독서와 시험은 다르기 때문입니다. 독서는 내공을 쌓는 것이고 숲을 키우는 일입니다. 여기 저기에 묘목을 심고, 물을 주는 행위가 독서입니다. 독서를 많이 해서 숲이 울창해지면 시험을 잘 볼 수 있는 바탕은 마련된 것입니다만, 바탕만 좋다고 실전에 강해지는 것은 아닙니다.

체력훈련과 기본기 훈련을 열심히 하는 운동선수를 생각해봅시다. 체력과 기본기는 내공을 쌓는 것이고, 좋은 선수가 되기 위한 근본을 만드는 것입니다. 피겨스케이팅을 예로 들어보죠. A선수는 체력단련도 열심히 하고, 점프훈련도 반복적으로 했습니다. 안무를 잘하기 위해서 발레도 배웠고요. 매일 하루에 10시간 넘게 빙상장에서 훈련을 했습니다. 그런데 한 곡을 끝까지 추는 실전 연습은 별로하지 않았습니다.

B선수는 A선수보다 체력훈련이나 기본적인 훈련은 덜했습니다. 발레는 배우지도 못했고요. 그렇지만 B선수는 대회에서 연기하려고 하는 프로그램 하나만큼은 철저히 연습했습니다. 항상 실전을 염두에 두고, 음악을 들어가며 연습했습니다.

어느 선수가 더 시합에서 좋은 성적을 낼 수 있을까요? 극단적인 비교이지만 시합에서는 B 선수가 좀 더 유리할 수 있습니다. 실전 연습을 많이 했기 때문입니다.

시험은 나무를 잘 켜서 좋은 목재를 만드는 것과 같습니다. 숲과

나무가 없으면 아예 목재를 만들 수 없지만, 나무가 있다고 다 좋은 목재가 되는 것은 아닙니다. 체력단련과 기본기 훈련을 열심히 했다고 해서 시합에서 좋은 성적을 보장할 수 없는 것처럼 말이죠.

좋은 목재를 만드는 데는 경험과 훈련이 필요합니다. 목재의 특성을 이해하고 목재를 만드는 연습을 반복적으로 해봐야 실력이 늘겠죠. 국어에서 그 훈련은 독해 문제집을 통해 이루어집니다. 주어진 텍스트를 읽고 분석하고 답을 찾아내는 과정을 훈련해야 합니다. 이 과정이 없이는 시험을 잘 볼 수 없습니다.

책을 많이 읽은 아이가 국어 성적이 잘 안 나온다면 이러한 실전 연습을 소홀히 했기 때문입니다. 보통 책을 많이 읽는 아이의 부모는 국어에 대해서는 별로 걱정을 하지 않는데, 막상 시험을 보면 성적이 잘 안 나오니 많이 당황합니다. 독서량만 믿고 독해 공부를 소홀히 하다가 수능에서 국어를 망치는 경우를 종종 봅니다. 저는 그래서 독서량과는 별개로 독해 문제집 1권을 꾸준히 푸는 훈련이 필요하다고 말합니다.

어휘를 몰라서 문제를 못 풉니다

그런데 책을 읽고 독해 문제집을 풀어도 어휘가 발목을 잡는 경우가 있습니다. 생각보다 많은 아이들이 어휘에 약합니다. 부모는 당연히 알 것이라고 생각하는 단어를 아이들은 모르는 경우가 있습니다. 영어단어는 유치원 때부터 외우면서, 국어단어는 왜 어려서부터 따로 공부하지 않을까요? 국어의 어휘는 우리말이니까 따로 공부할 필요가 없다고 생각하는 부모가 많습니다. 그 시간에 영어단어를 외우라고 합니다. 하지만 어휘를 경시하면 여러 문제가 생깁니다.

초등학교 3학년이 되면 교과서의 어휘가 확 어려워집니다. 아이들은 이때부터 당황하기 시작하는데요. 이런 현상은 학년이 올라가면서 점점 심해지기 때문에 초기에 어휘를 제대로 잡아주지 못하면 많은 문제가 생깁니다. 텍스트를 이해하지 못하고, 심지어 문제를 이해하지 못해 문제를 못 풉니다. 수학 문장제 문제를 가르쳐본 부모라면 느낄 겁니다. 아이가 수학을 못하는 게 아니라 국어를 못해서 수학 문제를 못 풀어요. 국어에서는 그런 일이 더 빈번하게 발생합니다.

책을 많이 읽으면 어휘가 당연히 좋아질까요? 좋아질 확률은 높습니다. 하지만 어휘가 더디게 늘어날 가능성이 더 큽니다. 의식적으로 어휘 공부를 하지 않기 때문입니다. 그런데 어휘를 따로 공부하면 확실히 어휘력이 좋아집니다.

독서와 어휘가 함께 갈 때 아주 좋은 효과를 보여줍니다. EBS 다큐멘터리 〈당신의 문해력〉에서 수업을 시작하기 전에 그날 배울 부분의 교과서 어휘를 따로 배우고 수업을 했습니다. 그 경우 아이들의 학업성취도가 높아졌습니다. 왜 그럴까요? 어휘는 공부의 기초인 벽돌과 같기 때문입니다. 벽돌이 없으면 집을 지을 수 없듯이 어휘가 약하면 공부를 잘하기가 힘듭니다. 어휘를 별도로 공부해야 하는 이유입니다.

그런데 어휘를 왜 초등학교 때부터 공부해야 할까요? 어려운 어휘가 나올 때마다 공부하면 되는 것은 아닐까요? 어휘는 밑에서부터 차곡차곡 쌓여가는 특성이 있습니다. 수학에 비유하자면 덧셈, 뺄셈을 알아야 곱셈, 나눗셈을 이해할 수 있듯이 어휘에도 단계가 있습니다. 낮은 단계의 어휘를 제대로 공부해야 높은 단계의 어휘를 이해할 수 있습니다. 초등학교 수준의 어휘를 모르면 중학교, 고등학교 수준의 어휘를 따라갈 수 없습니다.

쓰기의 기초를 초등학교 때 잡아줘야 합니다

우리는 어릴 때부터 쓰기를 합니다. 일기도 쓰고, 독후감도 씁니다. 그 외에 논설문이나 기행문 등을 초등학교 수업시간에 배웁니다. 쓰기는 중·고등학교 때에도 계속될 뿐 아니라 더욱 중요해집니다. 중·고등학교 내신의 일정 부분 이상을 수행평가가 차지하고 있기 때문입니다. 지필고사를 아무리 잘 봐도 수행평가를 못 보면 좋은 내신 성적을 거두기 어렵습니다. 수행평가의 대부분이 글쓰기로 이루어지는데 국어는 특히 그렇습니다. 보고서를 써내고 독후감도 써야 합니다. 발표를 해야 하는 수행평가에서는 발표를 잘하기 위해 발표문을 미리 써서 준비해야 합니다.

자기소개서를 쓰는 일도 생깁니다. 고등학교 입시나 대학 입시에서 말이죠. 자기소개서를 쓸 때 부모가 도와주기도 하고, 학원의 도움을 받기도 하지만 기본적으로 자기소개서를 쓰는 것은 아이의 몫입니다. 자기소개서에 따라 당락이 결정되는 일도 생기기 때문에 잘 쓰는 것은 매우 중요합니다.

이렇게 쓰기가 중요한데 중·고등학교에서는 쓰기를 따로 연습하거나 공부할 시간이 부족합니다. 국어, 영어, 수학 등 주요 과목 공부할 시간도 없는데 쓰기를 따로 공부할 시간은 더욱 없습니다. 그 와중에 수행평가도 준비해야 합니다.

그래서 초등학생일 때부터 글쓰기를 공부하고, 연습해야 합니다. 많이 써보면서 글쓰기를 어떻게 하는 것인지를 배우고 익혀야 합니다. 적어도 일주일에 한 편 정도는 꾸준히 글을 쓰면서 독후감, 논설문, 설명문 등 여러 유형의 글쓰기를 연습하는 것이 좋습니다.

우리 아이
국어실력
키우기

예비초등, 초등 저학년 부모님께 말씀드립니다

제 아이는 중1, 초4입니다. 예비 초등과 초1 시기를 몇 년 앞서 걸어갔고, 앞에서 뒤를 돌아보니 보이는 것이 있어 이야기를 드려볼까 합니다. 그 시기를 지나고 보니 그때 이런 것은 놓치지 말고 신경 쓰면 좋겠다 싶은 것이 세 가지 있었습니다.

📚 초등학교 입학 전에 한글은 다 떼야 합니다

요즘은 학교에서 한글을 가르치기 위해 한글 수업시간을 늘렸습니다. 제 아이가 초등 1학년 때만 하더라도 학교에서는 신입생들이 한글을 다 안다고 생각하고 수업을 했습니다. 그래서 한글을 제대로 모르고 들어온 아이들은 수업을 따라가기 힘든 구조였습니다. 그러다가 한글 교육에 대한 가정의 부담을 줄여주겠다는 취지에서 한글 수업시간을 확대하는 것으로 변경했습니다.

그러나 그것과 별개로 한글은 다 떼는 것이 여러모로 좋습니다. 초등학교 입학 전에 읽고 쓰기는 완성이 되어야 이후 학습이 편해집니다. 한글은 모든 과목의 기본이기 때문입니다. 학교에서 한글 공부를 책임져준다는 목적으로 한글 수업시간을 확대했지만, 학교에서 배워야 할 과목은 국어 이외에도 많습니다. 한글을 모르면 수학 문제도 풀거나 일기를 쓸 수도 없습니다.

여기서 한글을 뗀다는 의미는 글자를 읽고 쓰는 것을 다 할 줄 알아야 한다는 것입니다. 받아쓰기까지요. 의외로 많은 아이들이 받아쓰기를 잘못합니다. 코로나19로 아이들이 온라인 수업을 하다 보니 더욱 그렇습니다. 그러니 집에서 받아쓰기를 따로 연습시키고, 나아가 다양한 글을 조금씩 쓸 수 있도록 해주면 좋습니다. 초등학생이 되면 일기 쓰기, 독후감 쓰기 등 글쓰기를 해야 할 일이 생깁니다. 그런데 초등 저학년의 글을 보면 주어와 서술어가 서로 맞지 않는 경우는 흔합니다. 이런 점을 고려해서 쓰기까지 가르쳐두면 좋습니다.

책을 읽어주세요

사실 이건 저도 별로 못했던 건데요. 책을 읽어주세요. 아이를 안고 책을 읽어주면 정서적으로도 좋고, 아이의 언어능력 발달에도 좋습니다. 책을 잘 읽지 못하는 아이 중에는 어떻게 발음해야 하는지 몰라서 그러는 경우가 있습니다. 요즘 영어 공부를 많이 하다 보니 한글을 소리 내어 읽을 일이 줄어든 탓일지도 모릅니다.

아이에게 책을 읽어줄 때는 문장 단위로 끊어서 읽어주세요. 이렇게 읽어주면 아이의 문해력 증진에 도움을 줍니다. 문해력을 키우기 위해서는 의미 단위로 글을 읽어야 하는데, 부모가 읽어주는 것을 듣다 보면 어느 위치에서 어떻게 끊어 읽어야 하는지를 자연스럽게 습득할 수 있습니다. 그런 과정을 반복하면서 자연스럽게 문해력이 키워집니다.

학습만화는 조금 멀리해 주시고, 책을 가까이하게 도와주세요

요즘 좋은 책이 정말 많아요. 아이들이 책을 자주 접하게 해주세요. 학습만화는 가능한 피해주시고요. 독서습관이 자리 잡기 전에는 학습만화가 독이 됩니다. 저는 만화를 무척이나 좋아하고 집에도 꽤 많은 만화책을 소장하고 있습니다. 아마 제가 다른 사람들보다 월등히 많은 만화책을 봤을 거라고 생각합니다. 학습만화도 분명히 장점이 있지만 독서습관을 잡는 것이 먼저입니다. 어렸을 때 책과 친해지지 않으면 두고 두고 고생하게 됩니다. 그럼 어떤 책을 읽게 해야 할까요? 무조건 재밌는 책을 읽게 해주세요. 책이 재밌다는 인식을 심어줘야 할 시기니까요. 너무 학습에 도움이 되는 내용을 고려하지 마시고, 재밌는 거 줘도 됩니다. 학습만화만 아니면요.

2장

공부의
기초를 쌓는
국어

독서는

국어의 기본

국어의 기본은 독서입니다. 독서를 많이 한다고 반드시 국어를 잘하는 것은 아니지만 독서를 하지 않은 채 국어를 잘하기는 어렵습니다. 충분한 독서라는 밑바탕이 없다면 당장 국어 점수가 잘 나온다 하더라도 학년이 올라가고, 조금만 시험이 어려워져도 점수는 떨어지게 됩니다.

독서를 통해 문해력을 키울 수 있어요

독서가 국어의 기본인 까닭은 무엇일까요? 우리는 독서를 함으로써 어휘력, 문해력, 이해력, 사고력, 문제해결력, 표현력 등을 키울 수 있습니다. 먼저 어휘력을 볼까요? 우리는 읽기를 통해 단어를 자연스럽게 습득합니다. 아이였을 때는 부모나 주위 사람들이 말해주는 것을 들으면서 단어를 습득하지만, 읽을 수 있게 된 다음부터는 대부분의 단어를 읽기를 통해 받아들입니다. 때문에 아무리 말을 잘하는 사람도 많이 읽지 않으면 어휘의 빈곤을 숨기기 어렵습니다.

또한 독서를 하면서 익힌 어휘는 기억에 잘 남습니다. 어휘라는 것은 앞뒤 문맥 속에서 의미를 가지기 때문에 읽기를 통해 문장 안에서 배운 단어는 그 의미까지 같이 오래 기억에 남습니다.

요즘 주목받고 있는 문해력도 독서로 키울 수 있습니다. 문해력은 한마디로 글을 이해하는 힘으로 글을 읽고 그 뜻을 파악할 수 있는 능력입니다. 이 능력은 당연하게도 많이 읽어야 발달합니다. 글을 읽지 않은 채 단기속성으로 문해력을 키울 수 있는 방법은 없습니다. 문해력을 탄탄히 하기 위한 특별한 방법은 있을 수 있지만, 독서 없이 문해력을 쌓을 수 있는 방법은 없습니다.

사고력도 마찬가지입니다. 우리가 책을 읽고 생각을 하는 과정에서 생각 근육이 단련됩니다. 근육이 끊임없는 운동을 통해 발달하는 것처럼 우리 두뇌도 독서를 통해 발달할 수 있습니다. 두뇌는 고정되어 있지 않아서 쓰면 쓸수록 좋아집니다. 두뇌를 단련하는데 가장 좋은 활동이 바로 독서입니다.

시카고 플랜을 아시나요

　독서가 이처럼 여러 지적능력을 키워준다는 것을 보여주는 좋은 예가 바로 시카고 플랜^{chicago plan}입니다. 시카고 플랜은 미국 시카고 대학에서 실시한 고전 읽기 프로그램입니다. 1929년 시카고 대학의 총장으로 취임한 로버트 허친스는 시카고 대학 학생들에게 고전 읽기를 의무화했습니다. 《플루타르코스 영웅전》, 《군주론》, 《셰익스피어 4대 비극》 등 인류 지성의 보물인 고전 144권을 선정하고, 이를 반드시 읽어야만 졸업할 수 있도록 만들었습니다.

　이러한 독서 프로그램을 시행한 결과 평범한 대학교에 불과했던 시카고 대학교는 최고의 명문 대학으로 자리 잡게 되었습니다. 나아가 시카고 대학교 출신의 노벨상 수상자만 100명이 넘는 놀라운 결과를 가져왔습니다. 우수한 학생이 지원하지 않던 보통의 대학교에서 우수한 학생을 키워내는 명문대로 발전할 수 있었던 힘은 바로 시카고 플랜을 통한 독서의 생활화에 있었습니다. 좋은 책을 골라 열심히 읽게 했더니 좋은 학생이 자라난 것이죠.

　모두가 아는 명문 대학인 하버드 대학교에서도 독서를 강조합니다. 하버드에서 선정한 고전 목록은 그 자체로 하나의 브랜드입니다. 우리나라에도 하버드 대학교가 선정한 고전을 모아 전집으로 내는 출판사가 있습니다.

저도 이와 비슷한 경험이 있습니다. 대학교에 들어간 뒤에 저는 '100권 읽기 프로젝트'를 했습니다. 여기저기서 추천하는 책의 리스트를 참고해서 대학생이 읽어야 할 100권의 책을 정한 뒤 그 책들을 열심히 읽었습니다. 100권의 책을 다 읽는데만 약 1년 반의 시간이 걸렸습니다. 책을 처음 읽을 때는 내용도 잘 모르고 이해도 힘들었지만 한 권, 한 권 독서를 할수록 기초지식이 쌓였습니다. 책을 보는 눈과 글을 이해하는 힘이 생겼습니다. 배경지식이 탄탄해졌기 때문에 새로운 분야를 공부할 때도 빠르게 이해할 수 있었고, 생각 근육이 단련되었기 때문에 힘든 고시 공부도 해나갈 수 있었습니다.

모든 국어공부의 밑바탕에는 독서가 있어야 합니다

이처럼 독서가 가져다주는 장점은 너무나도 큽니다. 초등 국어에서 독서가 중심이 되어야 하는 이유입니다. 문제 푸는 훈련도 해야 하고, 어휘도 따로 공부해야 하고, 글쓰기도 해야 하지만 그 모든 국어공부의 중심에는 독서가 자리 잡고 있어야 합니다. 독서를 소홀히 하면서 문제 푸는 기술만 훈련하는 것은 바람직하지 않습니다. 특히 초등학교를 다닐 때는 기본기를 쌓는 시기이므로 더욱 독서에 초점을 맞추어야 합니다. 한 달에 책 1권도 안 읽어서는 국어의 기본기를 쌓을 수 없습니다.

저는 아이들에게 1주일에 책 1권씩을 꼭 읽고 독후감을 쓰게 하고 있습니다. 1주 1권 초등독서클럽이라는 이름의 온라인 독서모임도 운영하고 있습니다. 독서가 그 무엇보다 중요하다고 생각하기 때문에 국어를 공부하는 시간 중 가장 많은 비중을 독서에 둡니다. 여러분도 독서를 국어공부의 중심에 놓았으면 좋겠습니다.

비문학이 좌우하는
수능 국어

요즘 국어 사교육 시장 최고의 화두는 비문학입니다. 비문학은 문학과 대비되는 개념입니다. 문학 외의 모든 글을 말하는데 경제, 철학, 사회, 과학 등을 다루는 글을 뜻합니다. 최근 수능 국어에서 비문학 문제의 난이도가 높아졌습니다. 불국어라는 말이 나올 정도로 국어가 확연히 어려워졌는데, 비문학이 그 중심에 있습니다.

국어는 왜 어려워졌을까요? 국어를 어렵게 내서 대학입시에서 최상위권과 상위권 학생들의 성적을 세분화하기 위함입니다. 이제는 국어가 최상위권과 상위권 학생들의 입시 결과에 큰 영향을 미치고 있습니다.

국어로 변별력을 주려면 심도 있는 주제를 다루는 지문을 사용하거나 내용 이해가 어렵지 않은 지문으로 더 어려운 문제를 내야 합니다. 수능 국어 문제를 영역별로 크게 나누어보면 문법, 문학, 비문학으로 구분할 수 있습니다. 이 중에서 어렵게 낼 수 있는 것은 사실상 비문학뿐입니다.

국어 문법을 어렵게 낼 수는 없습니다. 문법 문제를 어렵게 내면 이건 수학능력시험이라는 시험의 본질에 벗어날 우려가 있기 때문입니다. 수능 국어의 본질은 글을 읽고 이해할 수 있는지, 추론할 수 있는지를 평가하는 것입니다. 국어 문법을 어렵게 낸다는 것은 글을 읽고 이해하는 능력을 파악하는 것과는 거리가 멀어집니다.

문법적인 내용을 잘 안다고 해서 글을 잘 읽는 것은 아닙니다. 때로는 문법을 잘 모르는 사람이 글을 더 잘 읽고 글을 더 잘 이해할 수 있습니다. 문법을 어렵게 내면 변별력은 확보할 수 있겠지만 수능시험에 적합하냐는 지적을 받게 됩니다. 문법에 관한 문제가 수능 국어에 나오기는 하지만 큰 부분을 차지하기 어려운 이유입니다.

문학의 경우도 문제를 어렵게 출제하기는 힘듭니다. 이는 수능 국어시험의 특징 때문입니다. 수능 시험에서는 어떤 문학작품을 읽고 많은 사람이 동의할 수 있는 생각, 판단이 무엇인지를 물어봅니다. 문학작품을 어떻게 이해하고 받아들이는지는 개인마다 다를 수밖에 없지만 문학을 시험으로 접근하려면 객관성이 확보되어야만 합니다. 그래서 문제를 어렵게 내면 문제의 객관성 논란이 일어날 수 있습니다.

〈북어〉 등의 시를 쓴 최승호 시인이 중앙일보와의 인터뷰에서 이렇게 말했습니다. "내 시가 출제됐는데 나도 모두 틀렸다." 시인이 쓴 시에 대해 참고서에서 설명하고, 국어 시험으로 출제되는 내용들이 시인이 생각한 것과 다르더라는 얘기입니다.

"언젠가부터 내 시가 교과서나 각종 수능 모의고사에서 나오고 있다더라. 그런데 나는 다 틀린다. 그래서 지금은 안 풀어 본다. 시를 몸에 비유해 보자. 시의 이미지는 살이고 리듬은 피요, 의미는 뼈다. 그런데 수능 시험은 학생들에게 살과 피는 빼고 숨겨진 뼈만 보라는 것이다. 그러니 틀리는 게 아닌가 싶다."

시인이 쓴 시에 대해 하나의 해석, 하나의 설명만을 정답으로 인정하는 것은 잘못된 것이라는 지적이었습니다. 작가의 의도를 묻는 문제인데, 정작 그 작품을 쓴 작가가 답을 틀릴 수도 있는 것이 현재의 수능 국어 시험입니다. 시인의 지적은 시인의 입장에서 타당합니다. 문학은 원래 개별성을 띠어야 하는데, 하나의 생각만을 정답으로 제시하는 것은 문학의 본질과는 다를 수 있습니다. 같은 소설을 읽고, 같은 시를 읽어도 독자의 상황과 마음에 따라 다르게 느껴지는 것이 문학입니다.

하지만 이를 출제하는 입장에서는 시험의 특징을 고려하지 않을 수 없습니다. 시험은 어떻게든 평가를 해야 하기 때문에 정답이 있을 수밖에 없습니다. 시험에서는 작가의 실제 생각이 중요한 것이 아니라, 다수가 납득할 만한 '작가의 생각'처럼 보이는 것이 중요합니다.

수능에서 문학 문제를 어렵게 내려면 추상적인 문제를 낼 수밖에 없는데 그러면 그 문제는 좋은 문제로 평가받기 어렵습니다. 추상적이라는 말은 정답이 여러 개가 나올 수 있다는 뜻입니다. 이렇게도 해석할 수 있고, 저렇게도 해석할 수 있다고 해버리면 수능 문제로서는 별로입니다.

그래서 비문학이 중요합니다. 비문학은 어렵게 낼 수 있는 방법이 다양합니다. 가장 쉽게 어려운 문제를 내는 방법은 낯설고 어려운 지문을 출제하는 것입니다. 예를 들어 최신 과학에 대한 지문이 나오면 정답률이 현저히 낮아집니다. 문과생들은 과학에 관한 사전 지식이 부족하기 때문에 이런 지문이 출제되면 내용을 이해조차 못하는 경우가 많습니다. 평소에 접하기 힘든 철학이나 경제학 내용도

[37~42] 다음 글을 읽고 물음에 답하시오.

국제법에서 일반적으로 조약은 국가나 국제기구들이 그들 사이에 지켜야 할 구체적인 권리와 의무를 명시적으로 합의하여 창출하는 규범이며, 국제 관습법은 조약 체결과 관계없이 국제 사회 일반이 받아들여 지키고 있는 보편적인 규범이다. 반면에 경제 관련 국제기구에서 어떤 결정을 하였을 경우, 이 결정 사항 자체는 권고적 효력만 있을 뿐 법적 구속력은 없는 것이 일반적이다. 그런데 국제결제은행 산하의 바젤위원회가 결정한 BIS 비율 규제와 같은 것들이 비회원의 국가에서도 엄격히 준수되는 모습을 종종 보게 된다. 이처럼 일종의 규범적 성격이 나타나는 현실을 어떻게 이해할지에 대한 논의가 있다. 이는 위반에 대한 제재를 통해 국제법의 효력을 확보하는 데 주안점을 두는 일반적 경향을 되돌아보게 한다. 곧 신뢰가 형성하는 구속력에 주목하는 것이다.

BIS 비율은 은행의 재무 건전성을 유지하는 데 필요한 최소한의 자기자본 비율을 설정하여 궁극적으로 예금자와 금융 시스템을 보호하기 위해 바젤위원회에서 도입한 것이다. 바젤위원회에서는 BIS 비율이 적어도 규제 비율인 8%는 되어야 한다는 기준을 제시하였다. 이에 대한 식은 다음과 같다.

$$BIS\ 비율(\%) = \frac{자기자본}{위험가중자산} \times 100 \geq 8(\%)$$

여기서 자기자본은 은행의 기본자본, 보완자본 및 단기후순위 채무의 합으로, 위험가중자산은 보유 자산에 각 자산의 신용 위험에 대한 위험 가중치를 곱한 값들의 합으로 구하였다. 위험 가중치는 자산 유형별 신용 위험을 반영하는 것인데, OECD 국가의 국채는 0%, 회사채는 100%가 위험 가중치로 부여되었다. 이후 금융 자산의 가격 변동에 따른 시장 위험도 반영해야 한다는 요구가 커지자, 바젤위원회는 위험가중자산을 신용 위험에 따른 부분과 시장 위험에 따른 부분의 합으로 새로 정의하여 BIS 비율을 산출하도록 하였다. 신용 위험의 경우와 달리 시장 위험의 측정 방식은 감독 기관의 승인하에 은행의 선택에 따라 사용할 수 있게 하여 '바젤 I' 협약이 1996년에 완성되었다.

금융 혁신의 진전으로 '바젤 I' 협약의 한계가 드러나서 2004년에 '바젤 II' 협약이 도입되었다. 여기에서 BIS 비율의 위험가중자산은 신용 위험에 대한 위험 가중치에 자산의 유형과 신용도를 모두 ⓐ고려하도록 수정되었다. 신용 위험의 측정 방식은 표준 모형이나 내부 모형 가운데 하나를 은행이 이용할 수 있게 되었다. 표준 모형에서는 OECD 국가의 국채는 0%에서 150%까지, 회사채는 20%에서 150%까지 위험 가중치를 구분하여 신용도가 높을수록 낮게 부과한다. 예를 들어 실제 보유한 회사채가 100억 원인데 신용 위험 가중치가 20%라면 위험가중자산에서 그 회사채는 20억 원으로 계산된다. 내부 모형은 은행이 선택한 위험 측정 방식을 감독 기관의 승인하에 그 은행이 사용할 수 있도록 하는 것이다. 또한 감독 기관은 필요시 위험가중자산에 대한 자기자본의 최저 비율이 ⓑ규제 비율을 초과하도록 자국 은행에 요구할 수 있게 함으로써 자기자본의 경직된 기준을 보완하고자 했다.

최근에는 '바젤 III' 협약이 발효되면서 자기자본에서 단기후순위 채무가 제외되었다. 또한 위험가중자산에 대한 기본자본의 비율이

최소 6%가 되게 보완하여 자기자본의 손실 복원력을 강화하였다. 이처럼 새롭게 발표되는 바젤 협약은 이전 협약에 들어 있는 관련 기준을 개정하는 효과가 있다.

바젤 협약은 우리나라를 비롯한 수많은 국가에서 채택하여 제도화하고 있다. 현재 바젤위원회에는 28개국의 금융 당국들이 회원으로 가입되어 있으며, 우리 금융 당국은 2009년에 가입하였다. 하지만 우리나라는 가입하기 훨씬 전부터 BIS 비율을 도입하여 시행하였으며, 현행 법제에도 이것이 반영되어 있다. 바젤 기준을 따름으로써 은행이 믿을 만하다는 징표를 국제 금융 시장에 보여 주어야 했던 것이다. 재무 건전성을 의심받는 은행은 국제 금융 시장에 자리를 잡지 못하거나, 심하면 아예 ⓒ발을 들이지 못할 수도 있다.

바젤위원회에서는 은행 감독 기준을 협의하여 제정한다. 그 현장에서는 회원들에게 바젤 기준을 자국에 도입할 의무를 부과한다. 하지만 바젤위원회가 초국가적 감독 권한이 없으며 그의 결정도 ⓓ법적 구속력이 없다는 것 또한 밝히고 있다. 바젤 기준은 100개가 넘는 국가가 채택하여 따른다. 이는 국제기구의 결정이 형식적으로 구속을 받지 않는 국가에서까지 자발적으로 받아들여 시행하고 있다는 것인데, 이런 현실을 ①말랑말랑한 법(soft law)의 모습이라 설명하기도 한다. 이때 조약이나 국제 관습법은 그에 대비하여 딱딱한 법(hard law)이라 부르게 된다. 바젤 기준도 장래에는 ⓔ딱딱하게 응고될지 모른다.

37. 윗글의 내용 전개 방식으로 가장 적절한 것은?

① 특정한 국제적 기준의 내용과 그 변화 양상을 서술하며 국제 사회에 작용하는 규범성을 설명하고 있다.

② 특정한 국제적 기준이 제정된 원인을 서술하며 국제 사회의 규범을 감독 권한의 발생 원인에 따라 분류하고 있다.

③ 특정한 국제적 기준의 필요성을 서술하며 국제 사회에 수용되는 규범의 필요성을 상반된 관점에서 논증하고 있다.

④ 특정한 국제적 기준과 관련된 국내법의 특징을 서술하며 국제 사회에 받아들여지는 규범의 장단점을 설명하고 있다.

⑤ 특정한 국제적 기준의 설정 주체가 바뀐 사례를 서술하며 국제 사회에서 규범 설정 주체가 지닌 특징을 분석하고 있다.

38. 윗글에서 알 수 있는 내용으로 적절하지 않은 것은?

① 조약은 체결한 국가들에 대하여 권리와 의무를 부과하는 것이 원칙이다.

② 새로운 바젤 협약이 발표되면 기존 바젤 협약에서의 기준이 변경되는 경우가 있다.

③ 딱딱한 법에서는 일반적으로 제재보다는 신뢰로써 법적 구속력을 확보하는 데 주안점이 있다.

④ 국제기구의 결정을 지키지 않을 때 입게 될 불이익은 그 결정이 준수되도록 하는 역할을 한다.

⑤ 세계 각국에서 바젤 기준을 법제화하는 것은 자국 은행의 재무 건전성을 대외적으로 인정받기 위해서이다.

마찬가지입니다. 2020학년도 수능 국어에 출제되었던 경제 관련 지문은 경제학을 전공하거나 현재 금융권에서 일하는 사람도 시간 내에 풀기 어렵다고 할 정도의 수준이었습니다. BIS 비율규제에 관한 것이었는데, 비문학에서는 이렇게 생소하고 어려운 지문이 얼마든지 출제될 수 있습니다.

또 수능 비문학 문제에서는 지문은 좀 쉬워도 문제를 어렵게 내는 방법이 있습니다. 추론형 문제를 내는 것입니다. 2022학년도 수능 국어의 경우 지문의 길이는 예년에 비해 짧은 편이었지만 지문에 나오지 않는 내용을 추론하여 풀어야 하는 고난도 문제가 다수 출제되었습니다. 지문이 길지 않아서 금방 읽을 수는 있었지만, 문제를 풀려면 지문 속에 숨겨진 내용을 파악해야 해서 결국 시간이 많이 필요했습니다.

2022학년도 수능 국어 영역에 나온 철학지문의 경우 헤겔철학에 대한 기본적인 지식과 이해를 바탕으로 글쓴이와 헤겔이 나누는 가상의 대화를 추론할 수 있어야 문제를 풀 수 있었습니다. 서양철학도 잘 모르는데, 추론까지 요구하니 쉽게 풀리지 않는 문제입니다.

과학지문에서도 추론을 요구했습니다. 지문에서 제시하는 과학적 개념에 기초하여 주어진 보기를 해석하면 어떤 결과를 얻을 수 있는지를 묻는 문제였습니다. 단순히 과학지문을 이해하는 것만으로

8. <보기>는 헤겔과 (나)의 글쓴이가 나누는 가상의 대화의 일부이다. ㉮에 들어갈 내용으로 가장 적절한 것은? [3점]

> ─────────〈보 기〉─────────
>
> **헤겔**: 괴테와 실러의 문학 작품을 읽을 때 놓치지 않아야 할 점이 있네. 이 두 천재도 인생의 완숙기에 이르러서야 비로소 최고의 지성적 통찰을 진정한 예술미로 승화시킬 수 있었네. 그에 비해 초기의 작품들은 미적으로 세련되지 못해 결코 수준급이라 할 수 없었는데, 이는 그들이 아직 지적으로 미성숙했기 때문이었네.
>
> **(나)의 글쓴이**: 방금 그 말씀과 선생님의 기본 논증 방법을 연결하면 ㉮ 는 말이 됩니다.

① 이론에서는 대립적 범주들의 종합을 이루어야 하는 세 번째 단계가 현실에서는 그 범주들을 중화한다

② 이론에서는 외면성에 대응하는 예술이 현실에서는 내면성을 바탕으로 하는 절대정신일 수 있다

③ 이론에서는 반정립 단계에 위치하는 예술이 현실에서는 정립 단계에 있는 것으로 나타난다

④ 이론에서는 객관성을 본질로 하는 예술이 현실에서는 객관성이 사라진 주관성을 지닌다

⑤ 이론에서는 절대정신으로 규정되는 예술이 현실에서는 진리의 인식을 수행할 수 없다

는 풀 수 없는 고난이도의 문제입니다.

이렇게 수능에서는 비문학만 가지고 시험의 난이도를 조절할 수 있고 비문학 문제를 어렵게 내는 것만으로도 불국어, 불수능을 만들

16. 윗글을 바탕으로 <보기>를 탐구한 내용으로 가장 적절한 것은? [3점]

<보 기>

그림은 [장치]가 장착된 차량의 운전자에게 제공된 영상에서 전방 부분만 보여 준 것이다. 차량 전방의 바닥에 그려진 네 개의 도형이 영상에서 각각 A, B, C, D로 나타나 있고, C와 D는 직사각형이고 크기는 같다. p와 q는 각각 영상 속 임의의 한 점이다.

① 원근 효과가 제거되기 전의 영상에서 C는 윗변이 아랫변보다 긴 사다리꼴 모양이다.

② 시점 변환 전의 영상에서 D는 C보다 더 작은 크기로 영상의 더 아래쪽에 위치한다.

③ A와 B는 p와 q 간의 대응 관계를 이용하여 바닥에 그려진 도형을 크기가 유지되도록 한 평면에 놓은 것이다.

④ B에 대한 A의 상대적 크기는 가상의 좌표계를 이용하여 시점을 변환하기 전의 영상에서보다 더 커진 것이다.

⑤ p가 A 위의 한 점이라면 A는 p에 대응하는 실세계의 점이 시점 변환을 통해 선으로 나타난 것이다.

수 있습니다. 국어는 사실상 시험 범위가 없다는 점까지 고려한다면 수능에서 비문학의 중요성은 결코 가볍게 볼 수 없습니다. 비문학을 얼마나 잘하는지에 따라 대학, 학과가 결정된다고 할 수 있습니다.

비문학의 필수조건,
배경지식

배경지식은 어떠한 글을 이해할 때 필요한 기본적인 지식입니다. 초등학교 3학년 사회 교과서에 나오는 온돌에 관한 글을 예로 들어 보죠. 이 글을 이해하려면 구들장의 개념, 열의 전도, 열에너지의 개념, 보일러의 구조 등을 알아야 합니다. 나아가서는 다른 나라의 난방, 현대의 난방 등을 알면 이 글을 보다 깊게 이해할 수 있습니다. 이런 것들이 배경지식에 해당합니다.

우리 조상들은 온돌을 사용해 추운 겨울을 따뜻하게 보냈습니다. 온돌은 방바닥 아래에 넓은 돌(구들장)을 여러 개 놓고

이 돌을 따뜻하게 데우는 난방 방법입니다. 아궁이에 땔감을 넣고 불을 피우면 뜨거운 열기가 방 아래의 통로로 옮겨 가면서 구들장을 데웁니다. 데워진 구들장은 오랜 시간 동안 식지 않고 방바닥으로 열기를 전달해 계속해서 방을 따뜻하게 만들어줍니다.

온돌은 아궁이에서 나오는 열이 통로에 오랫동안 머물도록 만들어져 열에너지를 절약할 수 있었습니다. 또한 연기가 바로 굴뚝으로 빠져나가기 때문에 방 안의 공기를 깨끗하게 유지할 수 있었습니다. 우리 조상들은 이처럼 경제적이고 슬기로운 방법으로 겨울의 추위를 이겨냈습니다. 오늘날의 난방장치인 보일러도 온돌의 원리를 이용한 것입니다. 온돌은 우리의 귀중한 과학 문화유산이며 세계적으로 그 가치를 인정받고 있습니다.

- 초등학교 3학년 사회 교과서

문학은 큰 배경지식이 필요하지 않아요

아이들이 비문학을 어려워하고 재미없어하는 이유는 뭘까요? 비문학을 다루는 책을 읽지 않아 기초지식이 부족하기 때문입니다. 비문학은 인문, 사회, 과학 이런 분야의 글을 말합니다. 이들 분야는 기초지식이 없으면 내용 이해조차 할 수 없습니다.

문학은 일단 읽으면 무슨 내용인지 알 수 있습니다. 그 안에 숨은 함의, 표현방식 같은 것을 알기 위해 공부가 필요한 거지 내용을 몰라서 공부하는 건 아닙니다. 그래서 문학은 상대적으로 빠른 시간에 공략이 가능합니다. 문학 중에서도 소설은 이야기로 되어있어서 아이들이 받아들이기도 쉽습니다. 거부감이 없다는 것이죠. 머릿속으로 쏙쏙 들어오기도 합니다.

원래 문학은 말로 기억하고 이야기하면서 이어져 왔습니다. 예전에 책이 많지 않던 시절에는 이야기를 부모가 아이에게, 그 아이가 자라 자기 아이에게 외워서 전달했어요. 심청전이나 삼국지 같은 긴 이야기를 어떻게 다 외워서 전달했겠어요. 재밌어서 외우게 되고, 재밌어서 전달하게 되는 것이 이야기가 가진 힘입니다. 소설책을 잘 읽는 것은 쉬운 일입니다. 문학을 공부로 받아들이니까 아이들이 거부감을 갖는 것이지 소설 자체는 쉽게 받아들일 수 있습니다.

비문학은 배경지식이 있어야 읽고 이해할 수 있어요

그런데 비문학은 배경지식이 없으면 읽어도 무슨 말인지 이해하기 힙듭니다. 써 있기는 한글이니까 소리는 내서 읽을 수는 있는데 내용파악이 안 됩니다. 비문학의 배경지식은 벽돌과 같아서 아래부터 차근차근 쌓아가야 합니다. 건너뛰기가 안됩니다. 어떤 지문을 읽는데 10개의 배경지식이 필요하다고 할 때, 소설은 3~4개의 배경지식이 없어도 읽을 수 있습니다. 대략의 내용파악이 가능합니다. 그렇지만 비문학에서는 1개의 배경지식만 없어도 이해하기 어려워집니다.

그 하나의 공백 때문에 결국 내용파악에 실패하는 경우도 있습니다. 비문학에서 배경지식은 이렇게나 중요합니다. 비문학 문제를 푸는 방법, 스킬 같은 것을 학원에서 가르칠 수는 있지만 아무리 좋은 시험 테크닉을 가지고 있어도 배경지식이 없으면 비문학 문제를 잘 풀기는 어렵습니다.

문제는 비문학에서 요구하는 배경지식을 갖추는 데 시간이 오래 걸린다는 점입니다. 벼락치기로 배경지식을 머릿속에 쑤셔 넣을 수 없습니다. 고등학교 때 국어시험을 망치고 나서야 부랴부랴 준비할 수 없습니다. 결국 비문학 공부는 낮은 단계부터 책을 꾸준히 읽어서 기초지식을 쌓아가야 하는 장거리 레이스입니다. 초등부터 책을 읽어야 한다는 얘기죠.

그런데 우리 학생들의 비문학 독서량은 부족합니다. 절대적으로 부족합니다. 이는 초등 때 영어 공부에 많은 시간을 쏟는 현재 분위기와도 연관이 있습니다. 초등학교 때 영어를 수능 수준까지 완성한다는 목표를 가지고 영어유치원부터 시작해서 초등학교에서도 영어공부에 많은 시간을 쏟는 경우가 많습니다. 초등 때 영어를 완성한다는 전략은 좋은데, 이렇게 하다 보니 국어공부가 상대적으로 소홀해집니다. 한글책의 독서량이 부족해집니다. 절대적으로 읽는 양이 적습니다.

특히 초등학생 때 영어공부를 목적으로 영어원서를 읽는 경우가 많습니다. 영어원서 읽기의 대상이 되는 책은 대부분 영어소설입니다. 뉴베리 상을 받은 소설이나 해리포터와 같은 소설들이 다수를 차지합니다. 원서를 읽는 것은 참 좋은 일이지만 이것도 결국은 문학입니다. 비문학을 위해 필요한 기초지식과는 무관하다는 말입니다. 초등학교 때 영어원서 읽기는 주로 재밌는 소설책 위주로 흘러가기 마련인데 그것의 부작용이 있습니다. 영어능력의 향상을 위해 영어원서 읽기는 진행하되 그것과 별개로 초등 단계에서 한글로 된 비문학 책을 꾸준히 읽어줘야 합니다. 비문학 텍스트를 소화할 수 있는 기초지식을 지금부터 쌓아가야 합니다.

읽히세요 비문학, 지금

그런데 이게 참 어렵습니다. 지금 진행하고 있는 초등독서클럽에서도 문학책과 비문학 책에 대한 아이들 반응이 확실히 다릅니다. 비문학 책을 읽어야 하는 주간에는 독후감이 늦게 올라옵니다. 소설책은 빨리 읽고 독후감도 빨리 쓰는데, 비문학 책을 읽을 때는 힘들어하는 아이들이 많습니다. 독후감의 양이나 수준도 차이가 큽니다. 문학책을 읽은 후 쓰는 독후감은 주인공에게 편지글을 쓴다든가 이후의 스토리를 상상해 본다든가 하는 식으로 내용이 풍부하고, 한 페이지 정도 독후감이 많이 보입니다. 비문학 책 독후감은 책 내용을 요약하는 것에 그치는 경우가 많고, 분량도 겨우 채우는 경우가 흔합니다.

주위에 보면 독서를 많이 하는데 수능 국어 성적이 잘 안 나오는 아이들이 있습니다. 찬찬히 들여다보면 문학책만 많이 읽은 경우가 많습니다. 독서를 많이 한다고 해도 문학책만 많이 읽으면 비문학 시험에서 요구하는 배경지식은 부족할 수밖에 없습니다. 그러면 불수능, 불국어에서 좋은 점수를 받기 어렵습니다.

비문학은 지금 읽지 않으면 회복이 되지 않습니다. 비문학 책을 읽혀야 합니다. 아이들이 싫어한다고 안 읽히면 앞으로는 더 읽히기 어렵습니다. 학년이 올라갈수록 더욱 바빠지고, 시간은 점점 더 부족해집니다.

아이가 좋아하는 분야의 책으로
시작해보세요

  '어떤 책을 읽혀야 할까요?' 독서를 강조하면 꼭 이런 질문을 받습니다. 초3 아이가 잘 보는 책은 뭐가 있을까요? 추천도서 목록을 구하는 것은 쉬운 일입니다. 세상에는 너무나 많은 추천도서가 있으니까요.

  아이가 어느 정도 독서습관이 잡혀있다면 추천도서 목록을 적극 활용하는 것도 좋습니다. 독서와 국어를 연구하고 공부하는 많은 분들이 엄선해서 만든 추천도서 목록이니까 책 자체의 퀄리티는 의심할 바가 없습니다. 추천도서 목록은 좋은 책을 선정해 놓은 것이므로 독서습관이 잡힌 아이에게 권해주기 좋습니다.

그런데 독서습관이 아직 잡히지 않은 아이에게 추천도서 목록은 독이 될 수 있습니다. 추천도서는 분명 좋은 책이지만, 재밌는 책은 아니기 때문입니다. 좀 쓰고 맛없는 약과 같은 거죠. 약 먹기를 싫어하는 아이에게 맛없고 쓴 약을 주면 더 먹기 싫어하지 않을까요? 중요한 것은 내 아이가 재밌게 읽을 수 있는 좋은 책을 찾는 겁니다. 아이가 어떤 책을 좋아할지는 알 수 없습니다. 형제자매라 하더라도, 쌍둥이라 하더라도 독서 취향은 완전히 다를 수 있습니다.

제 큰아이는 조금은 감성적인 소설책을 좋아합니다. 사회나 과학 분야의 책도 딱딱한 것보다는 조금은 말랑말랑한 것을 선호합니다. 둘째는 역사와 과학을 좋아하는데, 많은 지식을 던져주는 스타일의 책을 좋아합니다.

베스트셀러가 아이에게 안 맞는 경우도 있습니다. 한번은 애들에게 《해리포터》 시리즈의 한글판을 준 적이 있습니다. 영어원서까지는 기대하지도 않았고요. 《해리포터》는 전 세계적인 베스트셀러기 때문에 한글책이라면 재밌게 읽지 않을까 기대했습니다. 그런데 두 아이 모두 조금 읽다가 보지 않더라고요. 왜인지는 모르겠지만 《해리포터》가 자기들 취향에 맞지 않았던 것입니다. 아이들에게 인기 있는 책이니까 재미있을 거라고 전집이라도 다 들여놓았다면 큰일 날 뻔했던 거죠. 도서관에서 1권만 빌려다 주기를 잘했습니다.

베스트셀러라고 해도 내 아이에게는 안 맞을 수 있습니다 "이거 재밌대. 다른 애들은 정말 재밌게 읽었대, 너도 좋아할 거야."라는 말은 틀린 말입니다. 그래서 일반적인 의미의 추천도서보다는 내 아이에게 잘 맞는 책을 찾아줘야 합니다. 그래야 독서에 흥미를 붙이고 책을 즐겁게 읽을 수 있습니다.

독서 거부감 줄이기

독서습관을 잡아줄 목적이라면 아이가 좋아하는 분야의 책으로 시작하는 것이 좋습니다. 독서에 대한 거부감을 줄이기 위해 아이가 좋아하는 것을 활용하는 방법입니다. 어린이들이 먹는 약은 달달한 맛이 나잖아요? 그런 원리입니다. 아무리 좋은 약이라 하더라도 아이가 안 먹으면 소용이 없으니까요.

축구를 좋아하는 아이라면 축구에 관한 책을 권해주세요. 축구를 주제로 하는 소설, 동화, 백과사전, 그림책 등의 책을 통해 독서의 맛을 보게 하는 것이지요. 패션에 관심 있는 아이에게는 패션을 주제로 하는 책을 권해주면 좋습니다. 세계 여러 나라의 옷에 대한 책, 우리나라의 패션에 관한 책 등등. 자기가 좋아하는 분야라면 적어도 아이가 책을 열어보기는 할 테니까요. 단 몇 줄이라도, 몇 페이지라도 읽게 된다면 그게 쌓이고 쌓여서 책 한 권을 읽고, 열 권을 읽게 될 거예요.

아이들이 좋아하는 것 중 하나가 공룡입니다. 특히 남자아이를 키우는 분이라면 아이가 공룡에 관심을 보이는 것을 느껴보셨을 텐데요. 공룡 그림책으로 시작해서 공룡이 나오는 동화나 소설로 확장이 가능하고요. 공룡을 좀 더 심도 있게 다루는 지구과학에 대한 책, 고생물에 대한 책으로 관심을 유도할 수도 있어요. 공룡의 후예인 새로 관심을 돌릴 수도 있고, 쥬라기공원 같은 외국소설을 가지고 원서 읽기를 해볼 수도 있죠.

큰아이는 처음에 《리틀 프린세스 소피아》 시리즈로 한글을 배웠습니다. 아이가 좋아하는 책을 보게 하면서 한글을 깨우치게 도와줬는데요. 어느 정도 글을 읽을 수 있게 된 뒤에는 스스로 읽게 했습니다. 공주의 이야기를 좋아하는 것을 보고는 그와 비슷한 소재를 가진 책들로 확장을 했습니다. 디즈니에서 나온 여러 공주 시리즈(백설공주, 인어공주 같은)도 잘 읽었습니다. 조금은 결이 다르지만 《종이봉지 공주》도 잘 읽었고요. 나중에는 옷과 장신구 같은 것에도 관심을 보이길래 관련 분야의 책도 권해줬습니다.

《이렇게 고운 댕기를 보았소?》 같은 우리 전통의상과 장신구에 대한 책, 《이런저런 옷》 같은 옷의 역사와 종류를 다루는 책을 보여주었습니다. 그리고 옷을 핑계로《옷과 음식에도 단위의 비밀이 있다고?》 같은 과학책을 주기도 했습니다. 과학책도 옷을 소재로 해서 그런지 좀 더 편하게 읽는 것 같았습니다.

그렇게 독서습관이 잡히면 이제 조금씩 다른 책을 시도해보는 겁니다. 축구에 대한 책을 몇 권 읽은 후에는 야구 책을 주는 것도 가능할 거고, 패션에 대한 책을 잘 읽은 아이에게는 디자인에 대한 책을 줄 수도 있는 거고요. 좋아하는 분야의 책으로 시작하는 것만큼 독서습관을 잡아주는데 좋은 방법은 없습니다.

저는 어렸을 때 추리소설과 삼국지를 좋아했는데요

책에 재미를 붙이는데 추리소설만 한 것이 없습니다. 일단 스토리가 흥미진진하니 책을 한 번 잡으면 놓기 쉽지 않은데, 독서에 취미를 갖게 하려면 재밌는 책을 자주 접하게 해줘야 하거든요. 제가 그랬습니다.

처음에는 친척 집에 있었던《셜록 홈즈》전집에 재미가 들렸습니다. 어린이용으로 나온 축약된 버전이었지만 추리소설의 매력을 느끼기에는 충분했습니다. 한번 재미를 느끼자 나중에는 축약되지 않은 것으로 추리소설을 읽기 시작했습니다. 가장 좋아했던 것은 애거사 크리스티의 추리소설이었죠. 그때 읽었던 해문출판사에서 나온

빨간 표지의 추리소설들이 아직도 머릿속에 남아있습니다.

 이렇게 저는 추리소설을 읽으면서, 아동용에서 성인용으로 독서의 폭과 깊이가 달라졌습니다. 복잡한 논리전개를 따라갈 수 있게 되었고, 긴 호흡의 책도 끝까지 책을 읽는 힘을 기를 수 있었습니다. 삼국지도 그렇습니다. 저의 경우에는 삼국지를 초등학생 때 어린이용이라 아니라 《이문열 삼국지》 같은 책으로 읽었는데요. 삼국지는 너무나 재밌어서 두껍고 글이 많은 책이라 하더라도 어렵게 다가오지는 않았습니다. 10권이나 되는 책을 쉬지 않고 계속 읽었던 경험은 긴 호흡의 길도 두려워하지 않는 힘이 되어주었습니다.

 저희 아이는 삼국지를 좋아해서 처음에는 어린이용 삼국지로 시작해 청소년용 삼국지로 넘어갔고, 요즘에는 어른이 보는 삼국지도 보고 있습니다. 지금 초3인데 말이죠. 어린이용 삼국지로 대강의 줄거리를 읽더니, 더 길고 자세한 이야기도 재밌게 읽더군요. 이처럼 자기가 좋아하는 내용, 흥미 있는 분야의 책을 읽게 하면 독서습관을 키우기 좋습니다.

독서습관을 들이는
세 가지 방법

세종대왕께서는 책을 참 좋아하셨죠. 손에서 책을 놓지 않고, 항상 책을 읽었다고 하는데요. 식사시간에도 책을 보고, 잠들 때까지 책을 보았다고 합니다. 책을 어찌나 좋아하셨는지 이런 일화도 있습니다.

세종대왕께서 왕자 시절에 책을 너무 좋아해서 아버지인 태종이 걱정을 많이 했다고 합니다. 잘 움직이지도 않고 방에 틀어박혀서 책만 읽어대니 아무리 책이 좋다지만 부모가 걱정을 안할 수가 없겠죠. 나중에는 책을 다 치워버렸는데 치우지 못한 책 한 권이 떨어져 있던 것을 발견하고, 그 책을 외우다시피 읽었다고 합니다.

세종대왕께서는 책을 너무 많이 읽어서 부모가 걱정했지만, 우리 아이들은 책을 너무 안 읽어서 부모를 걱정하게 만듭니다. 제가 운영하고 있는 1주1권 초등독서클럽에 참여하는 부모님들과 대화를 해보면 자주 듣는 이야기가 있습니다.

"이렇게 1주일에 한 권이라도 책을 읽을 수 있어서 참 다행이에요. 혼자서는 죽어도 책을 안 읽거든요."

아이가 책을 읽지 않아 걱정인 부모들은 이런 질문을 많이 합니다. '독서가 좋은 건 알겠는데 아이가 독서를 하지 않아요. 독서습관을 어떻게 들일까요?' 아이가 자연스럽게 책을 가까이할 수 있도록 부모가 도와주면 좋습니다. 우리 아이 독서습관을 만들 수 있는 방법 세 가지를 얘기해볼게요.

매일 독서시간 갖기, 이왕이면 아침 독서로

첫 번째는 독서시간을 정하고, 매일 독서시간에 다 같이 독서를 하는 것입니다. 책 좀 읽으라고 잔소리하는 대신에 일정한 시간이 되면 '자, 책 읽을 시간이에요' 하면서 자연스럽게 이끌어주는 것인데요. 습관을 들일 때는 일정한 시간, 일정한 장소에서 반복적으로 해보는 것이 중요합니다. 그 시간이 되면 당연히 책을 읽는 것이라는 생각을 심어줘야 합니다.

처음부터 책을 좋아하는 아이라면 상관없겠지만, 그렇지 않은 아이들은 일단 책을 가까이하는 경험, 책을 읽는 경험에서부터 시작해야 합니다. 이것을 습관으로 만들려면 일정한 시간, 일정한 장소에서 계속 책을 접하도록 해주는 것이 바람직합니다. 제가 아는 어떤 집에서는 밤 9시가 되면 집안의 불을 다 끄고 조용한 상태에서 각자의 방으로 들어간다고 합니다. 그리고 작은 등 하나를 켠 채 각자 독서를 하는 것이죠. 아무리 TV를 보고 싶고, 더 놀고 싶어도 9시부터는 독서를 최우선으로 둔다고 합니다.

독서시간을 언제로 정할지는 각 가정의 사정에 따라 달라집니다. 하지만 저는 이왕이면 아침에 독서를 하는 것을 추천합니다. 저녁보다는 아침이 좋은데, 저녁에는 다른 여러 가지 이유로 스케줄이 꼬일 수 있기 때문입니다. 학교숙제를 한다고 이것저것 하다 보면 독서시간은 뒤로 밀리기 쉽습니다. 독서는 시급하지 않아 보이니까요. 이런 것을 피하려면 독서시간을 아침에 갖는 것이 좋습니다. 하루의 시작을 독서로 여는 것은 규칙적인 독서습관 들이기에 딱입니다.

또한 아침에는 뇌가 맑고 싱싱한 상태입니다. 이건 달리 말하면 아직 뇌가 충분히 예열되지 않았다는 말입니다. 뇌를 잘 써주려면 바로 공부를 하는 것보다는 서서히 공부에 집중할 수 있게 해줘야 합니다. 운동하기 전에 워밍업으로 스트레칭을 하는 것처럼 말이죠. 아침에 독서를 하면 뇌에 활력을 불어넣을 수 있습니다.

　제 아이가 다니는 초등학교에서는 등교 후 아침에 책 읽는 시간을 가지는데요. 제가 이 초등학교를 선택할 때 맘에 들었던 점 중 하나입니다. 아침 독서는 다른 여러 학교에서도 실시하고 있는 것으로 알고 있습니다. 그만큼 아침 독서가 여러 가지 장점이 있기 때문입니다. 아침에 잠깐이라도 짬을 내어 온 가족이 독서시간을 만들면 아이들에게 좋은 독서습관이 생길 겁니다.

　독서시간을 가지라고 말하면 '그래, 열심히 책을 읽혀야지' 하면서 애를 꽉 잡아다 앉혀놓고 한참 동안 독서를 시키는 부모님들이 있습니다. 그러지 마세요. 시작은 짧게 하는 것이 낫습니다. 독서가 중요하다고 해서 한 번에 너무 많은 양을 시작하는 것은 좋지 않습니다. 금방 지치기 때문입니다. 특히 아이가 어릴수록 그렇습니다.

　아이들의 집중 시간은 10분~15분을 넘지 않습니다. 중요한 것은 독서시간을 챙김으로써 독서습관을 키우는 것이지, 오래 붙잡아두는 것이 아닙니다. 짧게 시작해보세요. 욕심부리지 말고 하루 10분 정도부터 시작해봅시다. 그 정도만 해도 일주일이면 1시간입니다.

　일주일에 책 1권 정도 읽는 것을 목표로 해서 하루 10분 정도씩 꾸준히 해주세요. 일주일에 다 못 읽을 것 같은 책은 나중에 해도 됩니다. 처음에는 조금씩 하는 겁니다. 하루 10분 독서는 아마 부모의 성에 안 차겠지만요. 낙숫물이 돌을 뚫듯이 읽는 것이 어디냐 하는 마음으로 짧은 시간부터 독서를 하는 것이 필요합니다.

단, 짧게라도 매일 해야 합니다. 하루에 10분을 해도 좋은데 매일 하지 않으면 아무런 의미가 없습니다. 습관을 들인다는 것은 조건반사적으로 독서를 하게 만든다는 뜻입니다. 아침 7시에 일어나면 책 2쪽을 읽는다. 밤 9시면 불을 끄고 방에 들어가 소설책을 한바닥 읽는다. 이런 식으로 말이죠. 이렇게 습관을 들이려면 매일매일 해야 합니다. 이 핑계, 저 핑계로 빼먹으면 절대 독서습관은 생기지 않습니다. 그런 의미에서 독서습관을 들이기 위해서는 지금 바로 시작해야 합니다.

'아침부터 하기로 정했으니까 내일 아침부터 시작해야지.'가 아닙니다. 아침에 독서를 하는 것으로 정하는 것은 좋지만, 마음먹었다면 오늘 밤에라도 당장 시작하는 겁니다. 또 일이 있어서 정해진 독서시간을 놓친 경우에는 가능한 빨리 보충을 해줘야 합니다.

'아침에 독서시간을 지키기로 했는데 오늘 못했네. 내일 아침부터 다시 해야지.' 하고 하나둘 핑계를 대기 시작하면 습관이 자리 잡기 어렵습니다. 마음먹었으면 바로 시작해야 하고, 혹시나 정해진 시간을 놓쳤다면 다른 시간에라도 보충을 해줘야 합니다. 아침 7시로 독서시간을 정했는데, 아이가 늦게 일어나서 아침에 독서를 못 했으면 학교에서 쉬는 시간에라도 읽도록 해줘야 합니다. 아니면 저녁에 집에 와서 부모와 함께 독서시간을 갖는 겁니다. 이렇게 독서를 매일 해줘야 습관이 자리잡힙니다.

책 읽어주기

독서습관을 들이기 위해서는 매일 독서시간을 지켜야 합니다. 그런데 '지금부터 독서시간이야, 앉아서 책 읽어'라고 말만 한다고 아이들이 알아서 책을 읽는 것은 아닙니다. 책 읽기를 싫어하는 아이들에게 독서시간은 지루하고 무의미한 시간일 테니까요. 자칫하면 부모와 아이 사이에 갈등만 커질 뿐입니다.

이럴 때 좋은 방법이 바로 부모가 매일 독서시간에 아이들에게 책을 읽어주는 것입니다. 아이가 어렸을 때는 동화책 같은 것을 많이들 읽어주었잖아요. 이렇게 책을 읽어주는 것은 독서습관을 들이는 데 있어 정말 좋은 방법입니다.

책을 읽어주는 것은 아이와의 유대감을 쌓아줍니다. 아이에게 하루 몇 분이라도 책을 읽어주는 것은 두 가지 관계를 개선할 수 있습니다. 하나는 부모와 아이와의 관계입니다. 아이에게 책을 읽어줄 때는 보통 아이를 안거나 아이와 나란히 앉아서 읽어주는데, 이런 자세로 책을 읽어주다 보면 아이와 사이가 가까워지게 됩니다.

부모의 목소리를 들으며 아이는 안정감과 정서적 만족감을 느낄 수 있습니다. 아이가 뱃속에 있었을 때 태교로 책을 읽어준 경험이 있을 텐데요. 태교가 아이의 지능에 정말 영향을 미치는지에 대해서는 과학적으로 입증되지 않았다는 반론도 있지만, 아이에게 들려주는 부모의 목소리가 아이에게 정서적인 안정감은 줄 수 있습니다. 뱃속에 있던 아이에게 했던 것처럼 부모가 책을 읽어주는 것은 아이에게 좋은 감정적 영향을 끼칠 수 있습니다.

두 번째는 아이와 책과의 관계입니다. 아이와 부모가 함께하는 순간은 앞서 말한 것처럼 정서적 욕구를 충족시켜 주는데, 이는 한편으로 책에 대한 좋은 느낌을 가질 수 있게 도와줍니다. 부모와 함께하는 따뜻한 순간에 책이 있었기 때문에 부모에 대한 유대감은 책으로도 연결됩니다. 아이가 책에 대해 가질 수 있는 거부감을 희석시킬 수 있고, 부모와의 추억이 독서와 연결되어 아이가 책을 좋아하게 됩니다.

우리가 집밥에 대해 느끼는 그리움은 그것이 정말 세상에 다시 없을 진미라서가 아닙니다. 집밥이 주는 정서적인 좋은 추억 때문입니다. 그 밥을 먹을 때 부모에게서, 가족에게서 받았던 따뜻한 느낌이 다시 살아나기 때문입니다. 책도 마찬가지입니다. 부모가 아이에게 책을 읽어준 기억은 아이의 독서습관을 길러주는 데 도움이 됩니다.

저도 아이들에게 책을 많이 읽어주지는 못했습니다. 좋은 방법이라는 것을 알면서도 실천을 못 했던 거죠. 가끔은 속으로 뜨끔합니다. 그렇지만 예전에 찍어놓은 동영상에서 아이들에게 책을 읽어주고 있는 제 모습을 발견할 때가 있습니다.

아빠는 책을 읽어 준 적이 없다고 따지는 아이들에게 내밀 수 있는 좋은 증거 영상입니다. 그 동영상을 가만히 들여다보고 있으면 아이들이 얼마나 해맑게 웃는지를 알 수 있습니다. 아빠의 품에 안기거나 옆에 앉아 아빠가 책 읽어주는 소리를 듣고 아빠를 따라서 읽는 아이들을 볼 때면 아이들이 어렸을 때 책을 읽어주기를 잘했구나 하는 안도감이 듭니다.

부모부터 책 읽는 모습 보여주기

책에 관한 멋진 에세이 《서재 결혼시키기》에서 앤 패디먼은 이렇게 말합니다.

"내 딸은 일곱 살인데, 다른 2학년 부모 가운데는 자식이 재미 삼아 책을 읽지 않는다고 불평하는 사람도 있다. 그들 집에 가보면 아이들 방에는 값비싼 책들이 빽빽하지만, 부모의 방은 텅 비어 있다. 그 아이들은 내가 어렸을 때 내가 경험한 것과는 달리 자기 부모가 책을 읽는 모습을 보지 못한다. 반대로 현관에 들어섰을 때 책이 보이고, 침대맡 탁자에 책이 보이고, 바닥에 책이 보이고, 화장실 수조 위에 책이 보이면, 내 방! 어른은 출입금지라고 적힌 문을 열었을 때 무엇이 보일지 안 봐도 뻔하다. 물론 침대에 엎드려 책을 읽고 있는 아이의 모습이다."

그녀가 말하는 것처럼 부모가 책을 읽는 모습을 보여주는 것이야말로 최고의 독서교육입니다. 시시때때로 책을 읽고 있는 부모의 모습을 본 아이들이 틈날 때 뭘 하겠어요? 책을 읽습니다. 독서를 자연스러운 것으로 받아들입니다. 이런 집은 사실 독서시간도 따로 필요 없습니다. 시간 나면 읽는 것이 책인데, 따로 독서시간이 필요할 리가 없습니다.

가수 이적의 어머니인 박혜란 작가는 《믿는 만큼 자라는 아이들》에서 거실에 큰 책상을 놓고 공부한 이야기를 풀어놓았습니다. 대학원에 진학하여 공부를 해야 하는데, 거실에 큰 책상을 들여놓고 거기서 공부를 했더니 아이들이 하나둘씩 엄마 옆에서 공부를 하더라는 이야기입니다. 의도한 것은 아니지만 아들 셋이 모두 서울대에 갔다고 하니, 부모가 공부하는 모습을 보이고, 모범을 보이는 것이 아이들에게 얼마나 큰 영향을 미치는지를 알 수 있습니다.

가끔 교육에 관한 블로그나 카페에서 아이들 책으로 가득 찬 책장 사진을 봅니다. 수백 권의 책이 빽빽이 들어차 있는 책장이 거실 한 가운데를 차지하고 있습니다. 아이 방에 전집들이 가득한 방도 봅니다. 한 번쯤 이름을 들어본 전집이나 시리즈는 다 가지고 있는 집도 많습니다. 그런 사진을 볼 때면 참 대단하다 싶다가도 부모의 책은 어디에 있는지, 부모는 어떤 책을 읽는지 궁금해집니다. 놀랍게도 아이들 책으로 가득 찬 집 사진에서 부모의 독서 흔적은 잘 안 보입니다. 저렇게 큰 책장이면, 한편에는 부모의 책이 있을 것 같은데 없습니다.

아이들 책이 수백 권인데, 부모 책이 몇 권 없는 집이라면 그 아이가 계속해서 책을 좋아하고, 독서하는 습관이 생길 확률은 높지 않습니다. 어렸을 때야 부모가 책을 사주고 읽으라고 하니까 책을 읽겠지만 스스로 책을 찾아 읽는 아이로 크기는 어려워 보입니다. 반면에 아이 책은 몇 권 없어도 부모가 책을 늘 가까이하는 집이라면 (부모가 책을 많이 보는데 아이 책이 없을 리가 없겠지만) 아이는 부모의 책을 가져다가 읽을 겁니다. 오히려 자기 책은 왜 안 사주냐고 투덜

댈 것입니다.

독서시간을 가질 때 아이들만 책을 읽게 시키지 마세요. 부모도 같이 앉아서 책을 펴주세요. 어떤 책이라도 좋습니다. 책을 읽는 모습을 보여주는 것, 아이에게 책 읽기가 의무가 아니라 가족이 함께 하는 취미라는 것을 느끼게 해주세요. 그것만으로도 충분합니다.

1주일에 1권 읽으면
훌륭하죠

　책을 얼마나 읽어야 할까요? 독서는 참 좋은 것이지만 어느 정도 읽는 것이 좋은지에 대해서는 고민이 필요합니다. 다다익선이라고 말하기에는 아이들에게 현실적으로 시간이 없습니다. "초등학교 때는 책만 실컷 읽게 하려고요, 학원은 안 다녀도 되지 않을까요?"라는 분들도 있지만 많은 부모가 아이를 학원에 보내거나 집에서라도 공부를 시킵니다.

　독서가 중요하다는 말을 부정하는 부모는 드물지만, 독서부터 먼저 하고 남는 시간에 영어나 수학 공부를 시키는 부모는 더 드뭅니다. 우리에게 필요한 것은 최소치, 적어도 이 정도는 해야 하지 않겠냐는 기준입니다. 제가 아이들을 키우면서 또 주위의 부모들과 대화를 나누면서 내린 본 결론은 1주일에 책 1권입니다.

아이마다 다른 기준

현실적으로 가능한 범위에서 제시할 수 있는 최소한의 독서량은 일주일에 책 한 권입니다. 학습만화 말고요. 줄글로 된 책이라면 1주일에 1권 정도는 읽어줘야 합니다. 왜 1주일에 1권을 얘기하냐면 초등학생 때 이 정도는 읽는 습관을 들여놓아야 이후 학습활동이나 독서활동이 원활해지기 때문입니다.

학년이 올라갈수록 공부량이 많아지는데 한국에서의 공부라고 하면 일단은 읽기가 기본이거든요. 많이 읽고 빨리 이해하는 능력이 필요합니다. 1주일에 1권을 읽는 습관을 들인다면 최소한의 기초는 갖추었다고 볼 수 있습니다. 초등학교 때 1주일에 1권도 읽지 못하면 학년이 올라갈수록 여러 면에서 힘들어집니다.

어떤 책을 기준으로 1주일에 1권인지는 아이마다 다릅니다. 어떤 아이는 두껍고 어려운 책을 1주일에 1권 읽을 수도 있고, 다른 아이는 가벼운 줄글 책을 1권 읽을 수도 있습니다. 옆집 아이가 리처드 도킨스의 《이기적 유전자》를 1주일 동안 읽는다고 해서 내 아이도 그럴 수는 없습니다. 1주일에 1권이라는 가이드라인을 실제로 적용할 때는 아이마다 다르게 따져봐야 합니다. 내 아이에게 맞는 난이도의 책을 1주일 동안 1권 읽는 것을 목표로 해야 합니다.

내 아이에게 맞는 수준의 책을 찾는 방법

내 아이에게 맞는 난이도의 책은 어떻게 판단할 수 있을까요? 책한 권을 읽는데 3~4시간 정도 걸리는 책이 적당합니다. 어려워서 이해하기 힘든 책은 아이들의 흥미를 떨어트려 좋지 않지만 너무 쉬운 책도 아이의 독서력을 향상시키지 못합니다.

처음에는 감을 잡기 어렵습니다. 몇 번의 시행착오가 있어야 합니다. 서점에 가서, 혹은 인터넷 서점에서 아이 학년에서 많이 읽는 베스트셀러를 찾아보세요. 일단 나이대에 맞는 베스트셀러부터 시도해보세요. 그게 평균적인 수준입니다. 그 책을 읽는데 얼마나 시간이 걸리는지를 보고 판단하면 됩니다.

이때 주의할 것은 비문학책과 문학책에 걸리는 시간은 큰 차이를 보일 수 있다는 점입니다. 보통 비문학책을 읽는데 더 오래 걸립니다. 가끔은 문학책을 더 어려워하는 아이들도 있습니다. 소위 말하는 이과형 아이가 여기에 해당합니다. 문학책을 읽고나서 주인공에게 감정이입을 하지 못하거나 별로 도움이 되지 않는, 쓸데없는 이야기인 것 같다고 말하며 책을 내려놓는 아이들입니다.

비문학책은 자기 나이보다 2~3살 높은 수준의 책을 읽는데, 문학책은 자기 나이의 아이들이 읽는 책을 어려워하는 아이들도 있습니다. 반대의 경우는 더 흔합니다. 초등학교 저학년 때는 비문학 책도 재밌게 보던 아이들이 고학년이 되어 내용이 어려워지기 시작하니까 비문학 책을 싫어하는 경우를 종종 봅니다. 따라서 이러한 차이를 잘 고려해서 아이에게 맞는 책을 찾아주어야 합니다.

책은 매일 규칙적으로

그런데 주위를 보면 1주일에 책 1권을 읽는 초등학생이 별로 없습니다. 원래 책을 좋아하는 아이라면 하루에 책 1권도 우습지만, 그런 아이의 부모라면 적정한 독서량을 궁금해하지도 않으실 테고요. 보통은 책을 너무 안 읽는 아이 때문에 고민하다가 독서토론학원 등을 알아보게 됩니다. 학원에 보내서라도 책을 읽었으면 하는 마음에서죠. 하지만 굳이 독서토론학원을 보내지 않더라도 집에서도 책 1권을 읽게 하는 것은 가능합니다.

책을 한 번에 몰아서 읽는 것보다는 매일 조금씩 규칙적으로 읽게 해보세요. 앞서 독서습관 들이는 방법에 대해 말씀드렸는데, 습관은 매일 꾸준히 해야 완성됩니다. 독서를 공부로서가 아니라 습관으로서 받아들일 때 아이가 진정한 독서력을 키울 수 있습니다.

1권을 읽는데 3~4시간 걸리는 책은 매일 30분 정도씩 규칙적으로 읽으면 1주일에 1권을 읽을 수 있습니다. 책 1권을 읽는데 일주일에 3시간 정도를 쓴다고 한다면 그렇게 부담되는 양은 아닐 겁니다. 집에서도 이런 방식으로 적절한 자극과 독서습관 만들기를 통해 책을 읽도록 지도할 수 있습니다.

혼자 하기 힘들다면
독서클럽 한 번 해보세요

부모가 아이를 직접 가르치는 것은 쉽지 않습니다. 저도 아이들을 직접 가르쳐 봤지만 솔직한 심정으로는 권하고 싶지는 않습니다. 유명한 학원 강사들도 하나같이 자기 아이는 직접 가르치지 않는다고들 합니다. 독서교육도 마찬가지입니다. 책 좀 읽으라고 아이들에게 말해봐야 안 듣는 애들은 안 듣습니다. 아무리 좋은 책을 부모가 찾아서 갖다 줘 봐야 아이들이 안 읽으면 소용없습니다. 그래서 부모님들이 독서논술학원을 알아보는 것이지요.

또 아이들이 아직 어리거나 아니면 독서까지 학원을 보내는 것은 아닌 것 같다고 생각하는 부모도 있습니다. 이런 분들에게는 독서클럽을 추천해봅니다. 독서클럽이란 여럿이 모여서 같이 책을 읽는 모임을 말합니다. 형태는 여러 가지가 있을 수 있습니다. 학교에서 독서동아리를 만들거나 도서관에서 주최하는 모임에 참가할 수도 있겠죠. 여럿이 모여 공통된 책을 같이 읽는 모임, 그것을 독서클럽이라고 부릅니다.

독서클럽은 혼자서 하는 것이 아니기 때문에 좀 더 강제성을 띨수 있습니다. 같이 읽을 책을 정하고, 기간을 정해서 그 기간 동안책 1권을 읽도록 하면 혼자서는 못 읽는 책도 읽게 됩니다. 혼자라면 책을 읽다가 늘어지거나 뒤로 미루게 되는데 독서클럽을 하면다른 사람의 눈치도 보이고, 다른 사람이 읽은 것에 자극도 받으면서 어떻게든 따라가게 됩니다. 굳이 학원을 보내지 않더라도 독서클럽 활동을 하면 혼자 하는 것보다는 훨씬 좋습니다.

독서클럽 이렇게 하고 있어요

저는 2개의 독서클럽을 운영하고 있습니다. 처음에는 제 아이들독서교육을 위해 시작했습니다. 좀 더 체계적으로 그리고 규칙적으로 책을 읽을 수 있게 하려고 독서클럽을 직접 운영하고 있습니다. 제 아이만 데리고 독서교육을 시키보니 아무래도 가족 간에는 긴장감이 떨어져서인지 효과가 크지 않았습니다. 그래서 다른 아이들과 함께 책을 읽는 환경을 만들었더니 아이들도 좀 더 집중해서 책을 읽게 되었습니다. 처음에는 큰 아이를 위해 5~6학년 초등독서클럽을 시작했는데, 반응이 좋아서 작은 아이를 위해 3~4학년 초등독서클럽도 운영하게 되었습니다.

제가 운영하는 초등독서클럽은 매주 1권의 책을 읽고 반 페이지 이상의 독후감을 쓰는 것을 미션으로 하고 있습니다. 책만 읽는 것에 그치지 않고 독후감을 쓰게 해 책을 읽었다는 것을 확인하고, 좀 더 책을 능동적으로 읽을 수 있게 하기 위함입니다. 또한 글쓰기 연습도 겸하고 있습니다.

아무것도 없는 상태에서 글을 쓰라고 하면 어렵지만, 책을 읽고 난 후에 책에 바탕하여 글을 쓰라고 하면 조금은 쉽게 접근할 수 있습니다. 초등독서클럽에서 같이 읽은 책 중에《여기는 함께섬, 정치를 배웁니다》라는 책이 있습니다. 함께섬을 배경으로 선거와 정치에 대해 재밌게 풀어낸 책입니다. 그냥 "선거에 대해 써봐"라고 하는 것보다 책을 읽고 독후감을 쓰라고 하는 것이 아이에게 부담이 적습니다.

제가 운영하는 독서클럽은 철저하게 온라인상에서만 활동하고 있습니다. 제 블로그를 통해 참가자를 모았고, 카카오톡 오픈 채팅방을 만들어서 거기에서 활동하고 있습니다. 2개의 독서클럽을 운영한 지 1년이 넘었고, 참여하는 사람도 수십 명이지만 참여자들끼리 만난 적도 없고 잘 알지도 못합니다. 본인이 정한 대화명만 알고 있습니다. 철저하게 책을 읽히는 것에만 집중하는 형태입니다. 독서클럽이라고 하면 오프라인에서 만나 토론을 하거나 책에 관한 이야기를 나누는 모임을 생각하는 경우가 많은데, 이렇게 온라인에서 운영되는 독서모임도 괜찮습니다.

오프라인 모임을 하려면 장소도 구해야 하고, 멀리 있는 사람은 참여하기도 어려운데 온라인 모임은 편하게 참가할 수 있습니다. 참여자들끼리 친해지기는 어렵지만, 반대로 생각하면 인간관계로 피곤할 일이 없어서 좋습니다. 학부모끼리 모임을 가지다 보면 각자의 사정에 따라 다툼이 생길 수도 있는데, 온라인으로만 운영하기 때문에 이런 감정 소모를 최소화할 수 있었습니다.

독서클럽의 책 선정은 운영자인 제가 전담하고 있습니다. 요즘에는 쉽게 추천도서 목록을 구할 수 있습니다. 여러 곳에서 좋다고 하는 책들을 살펴보고 아이들이 읽었으면 좋겠다, 아이들이 재밌게 볼 것 같다 하는 책을 선정합니다. 골고루 책을 볼 수 있도록 여러 분야의 책을 제시하고 특히 아이들에게 부족한 비문학 책을 중점적으로 고릅니다.

독서클럽에 참여하는 대부분의 아이들은 책 1권을 잘 읽어오고 독후감까지 쓰고 있습니다. 처음부터 책을 잘 읽었던 아이들이 아니냐고요? 부모들과 얘기를 해보면 아이에게 책 읽는 습관을 들여주고 싶어서 독서클럽을 신청한 경우가 많았습니다. 원래는 책을 잘 안 읽던 아이가 독서클럽을 하면서 독서습관이 생기고, 점차 독서에 재미를 붙이는 것 같습니다. 1년 넘게 독서클럽을 빠지지 않고 참여하는 아이들도 여럿입니다. 이제는 다음 달 책은 뭐냐고 아이들이 먼저 물어보는 경우도 있습니다. 거창한 활동은 아니지만 아이들에게 독서습관을 잡아주는데 독서클럽 활동은 도움이 되고 있습니다.

독서클럽을 한 번 해보세요. 직접 운영을 해도 괜찮고, 이런 모임이 있을 때 참여하는 것도 좋습니다. 주위에 독서모임에 관심이 있는 부모끼리 팀을 짤 수도 있고, 저처럼 온라인으로 사람을 모아도 괜찮습니다. 의외로 이런 독서모임을 원하는 사람들이 많습니다. 모임에서 활용할 도서목록은 쉽게 구할 수 있습니다. 저도 추천도서목록(99쪽)을 드릴 건데, 이런 목록을 참고해서 운영하면 됩니다.

천천히 꼭꼭 씹어먹자
:깊이 읽기

깊이 읽기는 책 한 권을 여러 파트로 나누어 정독을 하는 것입니다. 한 권을 쓱 읽고 넘어가다 보면 겉핥기식 독서가 될 수 있는데, 천천히 깊이 읽으면 책 한 권을 꼭꼭 씹어먹을 수 있습니다. 파트를 나누어 한번에 읽는 범위를 줄이고 내용을 깊이 있게 파고드는 독서법입니다.

깊이 읽기와 비슷한 독서법에는 슬로리딩이 있습니다. 슬로리딩과 비교를 해보면 깊이 읽기가 무엇인지가 좀 더 명확해집니다. EBS에서는 2014년에 슬로리딩에 대한 다큐멘터리를 방영했었습니다. 그리고 이 내용을 바탕으로 《슬로리딩 생각을 키우는 힘》이라는 책을 냈습니다.

이 책에 따르면 슬로리딩이란 한 권의 책으로 다양한 활동을 하며 읽는 독서법입니다. 슬로리딩의 핵심은 다양한 활동에 있습니다. 슬로리딩으로 유명한 하시모토 다케시는 이를 샛길활동이라고 표현했습니다. 정해진 길로만 가는 것이 아니라 샛길로 가보는 것, 책을 여러 가지 방법으로 읽고 몸으로 체험하면서 느끼고 생각해야 한다고 주장했습니다.

소설 속에 등장하는 놀이를 따라 해 보거나, 어려운 단어를 찾아서 활용해 보는 등 수업과는 전혀 다른 독서활동을 합니다. '고전 공동 연구'라는 조별 모임도 합니다. 각 반의 학생 3~5명을 한 조로 테마를 정한 후 여름 방학 동안 조사를 끝내고 9월 말에 리포트를 제출하는 형태의 활동입니다. 슬로리딩은 이러한 활동을 통해 이렇게도 생각해보고, 저렇게도 생각해보면서 다양한 생각을 유도합니다. 여러 방향으로 생각하며 생각하는 힘이 길러집니다.

깊이 읽기는 다양한 활동을 하지 않는 천천히 읽기입니다. 다양한 방법으로 독서를 경험을 하는 슬로리딩과 달리 깊이 읽기는 독서에만 집중합니다. 독서를 충실히 함으로써 천천히 꼭꼭 문장과 문단을 씹어먹으며 생각하는 힘을 기르는 독서법입니다.

왜 깊이 읽기인가요

천천히 읽으면 책을 제대로 읽을 수 있고 작가의 생각을 내 것으로 온전히 받아들일 수 있기 때문입니다. 깊이 읽는 것은 걸어가는 길에 있는 꽃 하나, 나무 한 그루, 떨어지는 나뭇잎 하나에 지중하며 걷는 일입니다. 뛰어가거나 차를 타고 갈 때는 보지 못했던 것들을 보며 가는 여행입니다.

대학생 때 배낭여행을 가면 짧은 시간에 여러 나라와 여러 도시를 도는 것을 목표로 하는데, 이런 여행을 하고 나면 남는 것은 주요한 관광지에서 찍은 사진들뿐입니다. 반면에 한 도시를 며칠씩 머무르는 여행을 하면, 도시 뒷골목도 가볼 수 있고, 현지인처럼 아침을 먹어볼 수도 있고, 유명하지 않은 관광지도 가볼 수 있습니다.

캄보디아의 도시 시엠립에서 일주일을 보낸 적이 있습니다. 한 도시에만 일주일을 보낸 적은 그때가 처음이었는데, 아주 느긋하게 시엠립의 곳곳을 볼 수 있었습니다. 시엠립은 앙코르와트 유적으로 유명한데 보통 캄보디아를 여행 오는 사람들은 앙코르와트만 빨리 보고 떠나는 편입니다. 하지만 일주일을 시엠립에만 머물렀더니 앙코르와트도 실컷 보고, 다른 여행객들은 보지 못하는 여러 가지를 즐길 수 있었습니다. 일부러 멀리 있는 유적도 가보고, 시장도 샅샅이

뒤져보고 말이죠.

깊이 읽기는 이처럼 한 도시에 오래 머물면서 그 도시에 대해 푹 빠져보는 여행과 같습니다. 이런 여행을 하고 나면 그 도시를 더 사랑하게 되고, 여행 자체를 즐기게 됩니다. 깊이 읽기의 맛에 빠져들면 그 책을 더 좋아하게 되고, 독서 자체를 즐길 수 있게 됩니다.

깊이 읽기는 어떻게 하는 건가요

깊이 읽기는 책 한 권을 나누어서 읽습니다. 한 번에 읽는 분량을 줄여서 거기에 집중하도록 유도합니다. 책 1권을 통째로 읽으라고 하면 책을 읽어야 한다는 부담감에 빨리 읽고 치우려는 유혹이 생길 수 있습니다. 책을 쪼개어서 읽어야 할 범위를 줄여주면 책을 읽는 부담이 적어지고 책을 천천히 깊게 읽을 수 있습니다. 양이 많은 음식도 여러 번에 걸쳐 나누어 먹으면 다 먹을 수 있는 것처럼, 읽기 어려운 책도 나누어서 읽으면 쉽게 다 읽을 수 있습니다.

책을 몇 조각으로 나누어 읽으면 될까요? 그것은 책에 따라, 아이에 따라 다릅니다. 각자에게 적정한 식사량이 다른 것처럼 책도 마찬가지입니다. 슬로리딩을 주장하고 실천한 하시모토 다케시는 학생들에게 《은수저》라는 소설 1권을 3년에 걸쳐 읽도록 가르쳤습니다. 요즘은 학교에서 '1학기 1권 읽기' 같은 독서활동을 지도하는 경우가 있습니다. 어떤 독서논술학원에서는 1달에 1권을 가지고 수업하는 것도 봤습니다. 기간을 어떻게 정하고, 책을 몇 부분으로 나눌 것인지는 정답이 없습니다.

제가 했던 깊이 읽기 모임에서는 1권의 책을 4부분으로 나누었습니다. 한 달동안 책 1권을 4회에 걸쳐 읽는 방법으로 깊이 읽기를 했습니다. 여기서 선정했던 책은 보통 200페이지 정도의 책이었는데 이 책을 4부분으로 나누어서 한 번에 50쪽 가량을 읽도록 지도했습니다. 보통 이 정도 길이의 책을 1주일에 1권 정도 읽는다고 했을 때 일반적인 책보다 4배의 시간 동안 깊이 읽기를 할 수 있었습니다.

4부분으로 나누어 읽기로 한 것은 책과 아이들의 수준을 고려한 결정이었습니다. 더 어려운 책이었다면 더 많은 시간을 책 1권에 썼을 겁니다. 이때 깊이읽기를 같이 했던 아이들은 대부분 초등독서클럽을 함께 했던 아이들이어서 어느 정도 독서에 익숙하다는 점도 고려했습니다.

깊이 읽기를 할 때는 책의 내용을 제대로 이해하고 있는지를 물어보는 독서퀴즈 같은 독후활동을 하면 좋습니다. 슬로리딩만큼 다양한 활동을 하는 것은 아니지만, 책과 연관된 독후활동은 책을 깊이 있게 이해하는 데 도움을 줍니다. 요즘은 출판사에서 이런 독후활동지를 제공하는 경우도 있으니 그런 것을 활용하면 좋습니다.

소리 내서 읽으면 머리에 쏙쏙

: 낭독

아이가 영어를 배울 때 낭독을 시키는 부모가 많습니다. 소리내서 영어책을 읽으며 영어를 공부할 수 있도록 말이죠. 영어는 언어니까 그냥 눈으로만 읽는 것보다는 소리내서 읽는 것이 더 좋다고 생각하기 때문입니다.

제가 영어원서낭독 스터디를 시작할 때 주위의 부모들이 '영어낭독 참 좋네요, 그거 필요하죠' 하면서 많은 호응을 해주었습니다. 영어원서 낭독이 필요하다고 말을 하면 다들 그 필요성에 공감합니다. 그런데 한글책을 낭독하는 스터디를 제안했을 때는 반응이 좀 달랐습니다. 영어책 낭독보다 호응이 적고 '책은 조용히 읽어야 하는거 아닌가요?'라는 질문도 받았습니다. 영어책 낭독과 한글책 낭독에 대한 부모들의 생각이 달랐습니다.

그런데 둘을 달리 볼 이유는 없습니다. 영어원서든, 한글책이든 결국은 같은 것입니다. 언어만 달라졌을 뿐인데 독서법이 달라야 할까요? 본질적으로 둘은 다르지 않습니다. 낭독은 어떤 언어로 된 책을 읽을 때에도 좋은 독서법입니다.

낭독의 장점 1 : 더 오래 기억에 남는다

묵독은 소리내지 않고 눈으로만 글을 읽는 방법입니다. 인간이 가진 다섯 가지 감각 중 시각만 사용합니다. 눈으로 읽은 것을 뇌에서 받아들이는 것이 독서의 전부입니다. 반면에 낭독은 세 가지 감각을 동시에 사용합니다. 눈으로 본 것을 입으로 읽고, 귀로 듣습니다.

우리 뇌에는 여러 부위가 있습니다. 시각 정보를 처리하는 부분이 있고, 청각 정보를 처리하는 부분도 있습니다. 후각, 촉각, 미각도 제각기 담당하는 부위가 있습니다. 이런 정보를 모아서 판단하는 부위도 있고, 판단을 다시 몸의 각 부분으로 보내 행동으로 옮기게 하는 부위도 있습니다. 낭독은 뇌의 여러 부위를 동시에 자극하는 독서법입니다. 묵독이 한 부위만 자극한다면 낭독은 최소한 뇌의 세 부분에 영향을 미칩니다.

이렇게 뇌의 여러 부위에 자극을 주면 정보가 더 잘 기억됩니다. 이런 예를 들어보죠. 엄마가 맛있는 김치찌개를 끓였습니다. 보글보글 찌개 끓는 소리를 들으면서 아이들은 김치찌개를 맛있게 먹었습니다. 푹 끓인 김치찌개의 시큼한 냄새를 맡으면서 김치와 돼지고기를 먹었습니다. 빨간 국물을 눈으로 보면서요. 그런데 그날따라 아빠는 일이 있어서 야근을 했습니다. 아이들은 아빠에게 엄마가 해준 찌개가 너무 맛있다며 사진을 찍어서 보내줬습니다. 아빠는 눈으로만 김치찌개를 봤습니다.

몇 년 뒤 가족이 해외여행을 갔습니다. 처음에는 현지음식을 맛있게 즐겼는데, 며칠 지나니 슬며시 김치찌개 생각이 났습니다. 엄마가 끓여줬던 김치찌개의 맛, 소리, 냄새 등이 복합적으로 생각이 나면서 아이들 입에는 침이 고이기 시작했습니다.

"엄마, 그때 엄마가 끓여줬던 김치찌개 먹고 싶다. 내가 아홉 살 때 겨울에 막 추운 날이었는데 할머니가 주신 김치로 끓였던 그거."
"맞아. 그날 김치찌개 참 맛있었지?"

그런데 아빠는 그 기억에 동참하기가 어렵습니다. 아빠는 눈으로만 그 김치찌개를 보았기 때문에 잘 생각이 나지 않거든요. 흔하게 먹었던 김치찌개와 그날의 김치찌개가 뭐가 다른지 잘 모르겠어서 대화에 끼지도 못했습니다.

이처럼 여러 감각을 통해 경험한 일은 더 잘 기억됩니다. 강의를 들을 때도 그냥 눈으로 칠판을 보면서 듣기만 했을 때보다 들으면서 필기까지 했을 때가 기억에 더 오래 남습니다. 여러 감각을 동시에 활용하는 것이 기억에 더 유리합니다. 낭독의 효능이 여기에 있습니다. 눈과 입, 귀라는 여러 감각기관을 활용해서 책을 읽으면 그 내용이 머리에 더 잘 남습니다.

낭독의 장점 2 : 집중력이 올라간다

낭독을 하면 기억에 더 잘 남는 이유는 여러 감각을 활용한다는 것 말고도 있습니다. 낭독을 할 때 집중력이 더 좋아진다는 것입니다. 잡생각이 들지 않고 집중력이 올라가기 때문에 낭독을 하면 더 잘 기억할 수 있습니다.

조선시대에는 책을 소리 내어 읽는 것이 기본이었습니다. 조선의 선비는 책을 읽고 공부하는 것이 중요한 일이었는데, 아침에 일어나면 의관을 정제하고 반듯하게 앉아 책을 읽었습니다. 이때의 읽기는 눈으로만 읽는 것이 아니라 소리 내어 읽는 낭독이었습니다. 서당에서는 훈장님이 큰소리로 책을 읽으면 아이들이 따라 읽는 방식으로 수업을 했습니다. 혼자서든, 여럿이든 공부를 할 때 책을 소리 내어 읽는 것이 보통이었습니다. 책읽는 소리가 나지 않으면 선비의 집안 이 아니라고 할 정도였습니다.

다산 정약용은 "세상에서 가장 맑은 소리는 눈 쌓인 깊은 산속 글 읽는 소리"라는 시를 남겼습니다. 조선시대에는 소리내어 글을 읽 는 것이 당연하고 자연스러웠습니다. 이처럼 평생 책을 끼고 살았던 선비들이 낭독을 생활화했던 것은 낭독을 하면 잡념이 사라져 책에 만 집중할 수 있었고, 그 의미를 깊이 새길 수 있기 때문입니다.

소리내서 책을 한두 페이지 읽어보기만 해도 집중력이 올라가는 것을 체험할 수 있습니다. 저는 요즘 영어원서를 낭독하는 성인 스 터디 모임을 하고 있는데 하루에 몇 분이라도 큰소리로 책을 읽으 면 정신이 맑아짐을 느낍니다. 학교 다닐 때 졸려 하는 학생이 있으 면 일으켜 세워서 책을 읽게 하는 선생님이 계셨습니다. 낭독은 집 중력이 떨어질 때 정신을 차리게 하는 긍정적이고 온화한 방법입니 다.

낭독의 장점 3 : 대충 읽는 습관을 고칠 수 있다

책을 읽으라고 하면 읽는 시늉만 하는 아이들이 있습니다. 자기는 책을 읽었다고 하는데 무슨 내용인지 기억을 못하고 질문을 하면 대답을 얼버무립니다. 또는 책을 너무 빨리 읽어서 책을 읽기는 한 건지 의심이 되는 경우도 있습니다. 차분하게 책을 읽으면 좋으련만 후딱 해치우고는 딴짓하는 아이들을 볼 때면 이런 안 좋은 독서습관을 어떻게 잡아줘야 하나 고민이 됩니다.

그런 아이들에게 좋은 독서법이 바로 낭독입니다. 대충 빨리 읽는 아이에게 낭독을 시키면 진득하고 차분하게 책을 읽는 버릇을 들일 수 있습니다. 원리는 간단합니다. 낭독을 하면 절대 책을 빨리 읽을 수 없습니다. 책을 대충 읽는다는 것은 띄엄띄엄 읽는다는 의미입니다. 문장을 건너뛰거나 자기 마음대로 읽는 것입니다.

낭독을 할 때는 모든 문장을 읽어야 합니다. 문장을 빼먹으면 바로 티가 납니다. 습관적으로 문장을 빼먹던 아이도 낭독을 할 때만큼은 그러기 힘듭니다. 속도도 마찬가지입니다. 말이 아무리 빨라봐야 뇌의 처리속도보다 빠를 수는 없습니다. 빨리 읽는 데는 한계가 있다는 말입니다. 소리 내어 읽으면 아이의 잘못된 속독을 교정하기에 좋습니다.

낭독을 한 달만 시켜봐도 이런 효과를 체감할 수 있습니다. 소리내어 읽는 훈련을 매일 조금씩 계속한 아이는 소리 내지 않고 책을 읽을 때도 천천히 문장 하나하나에 집중하면서 읽게 됩니다. 자기 마음대로 책을 읽지 않고, 저자가 말하는 대로 저자가 제시한 길을 따라 책의 숲을 걸어가게 됩니다. 잘못된 독서습관을 바로잡을 수 있습니다.

한 번 잡으면 푹 빠지는 대박소설 시리즈

아이에게 어떤 책을 읽혀야 할지는 늘 고민입니다. 이왕이면 좋은 책을, 공부에 도움이 되는 책을 읽히고 싶은 것이 부모 마음입니다. 하지만 책이라면 도망부터 치는 아이들에게는 아무리 좋은 책도 수면도구일 뿐입니다. 아이가 좋아하는 분야의 책부터 읽게 하는 것이 가장 좋지만, 좋아하는 분야가 없는 아이들도 있습니다. 무슨 책을 줘야 할지 모르겠어서 고민하는 부모들에게 대박이라고 소문난 시리즈들을 소개합니다. 한번 빠지면 헤어나오기 힘들다고 난리인 책들입니다. 시리즈라서 읽을 책도 많아 독서에 맛들이기 좋습니다.

건방이의 건방진 수련기 1~5
건방이의 초강력 수련기 1~4

천효정, 비룡소

무협의 탈을 쓴 성장동화
여기 무협 동화가 있습니다. 무협지 좀 읽어본 부모라면 무협지가 얼마나 재밌는지 아실 겁니다. 부모 몰래 대여점이나 만화방에서 돈 좀 써본 분도 많으실 텐데요. 그 재밌는 무협지가 어린이용 동화로 탄생했습니다. 그렇다고 마교와 무림맹, 소림이 나오지는 않습니다. 무협의 탈을 쓴 재밌는 성장동화입니다.

초등학교 2학년 건이가 우연한 기회에 무협의 길로 들어서게 됩니다. 과연 건이는 멋진 권법소년이 될 수 있을까요? 가족없이도 씩씩한 건이의 성장이야기를 읽어보세요.

수상한 아파트, 수상한 기차역
수상한 편의점, 수상한 화장실 등

———

박현숙, 북멘토

뭐가 그렇게 수상하지? 호기심 자극 명랑동화

수상한 기차역, 수상한 아파트, 수상한 우리 반… 등등. 세상에는 수상한 것들이 너무도 많습니다. 어찌 보면 간단한 이야기를 긴장과 추리라는 요소를 더해서 매력적으로 탈바꿈시킨 소설입니다. 수상한 시리즈 말고도 박현숙 작가님이 쓰신 《구미호 식당》 시리즈도 추천합니다.

푸른사자 와니니 1~3

———

이현, 창비

겁쟁이 사자 와니니가 진정한 용기가 무엇인지 깨달아가는 여정

쓸모없고 약하다는 이유로 와니니는 사자 무리에서 버림받습니다. 겁쟁이 어린 사자 와니니는 무리에서 쫓겨났지만 포기하지 않았습니다. 친구와, 때로는 적이었던 사자와 함께하며 와니니는 조금씩 성장합니다. 건기가 되어 생존이 가장 중요해진 아프

리카 초원에서 와니니가 한 마리의 어엿한 사자로 커나가는 이야기입니다.

스무고개 탐정 1~12

허교범, 비룡소

추리와 논리를 좋아하는 초등학생에게 강추하는 탐정시리즈

추리소설은 매니아가 있죠. 사건의 실체를 찾아가는 흥미로운 추리과정에 한번 빠져 들면 계속 다음 권을 외치게 됩니다. 《셜록 홈즈》를 많이 읽히실 텐데, 우리나라에 서도 좋은 추리소설이 나왔어요. 《스무고개 탐정》 시리즈입니다.

제목에서 짐작할 수 있겠지만 우리의 주인공 문양이는 스무 개의 질문을 통해 사건 의 진실에 다가갑니다. 재밌는 설정인데요. 탐정은 원래 날카로운 질문을 던져서 사 건을 파헤치잖아요. 스무고개 놀이에서 아이디어를 가져온 이 추리소설 시리즈는 정 말 많은 아이들에게 사랑받고 있습니다.

우리 아이
국어실력
키우기

초등 3~4학년을 위한 추천도서

📚 한국소설

나의 린드그렌 선생님 | 유은실, 창비

작가 린드그렌 선생님을 좋아하는 소녀의 성장 이야기

편의점 도난사건 | 박그루, 밝은미래

편의점에 도둑이 들었다! 사건을 해결하는 꼬마 아이들

악당이 사는 집 | 이꽃님, 주니어김영사

옆집 할아버지가 악당일까? 조찬이가 악당일까? 편견을 극복해가는 두 사람

사차원 엄마 | 이경순, 함께자

우리엄마는 다른 엄마들하고는 좀 달라. 그래서 더 좋아

📚 외국 소설

걸리버 여행기 | 조너선 스위프트

소인국에서는 거인이었던 내가, 거인국에서는 아기보다 작아

플란다스의 개 | 위다

넬로가 파트라슈와 함께 우유를 배달하는 이야기

엄마 찾아 삼만리 | 에드몬도 데 아미치스

엄마를 만나고 싶은 13살 소년이 바다 건너 엄마를 찾아간다

로빈슨 크루소 | 다니엘 디포

무인도에서 혼자 28년

📚 경제

12살에 부자가 된 키라 | 보도 섀퍼, 올파소

용돈을 다 써버리던 키라는 12살에 어떻게 부자가 되었을까?

1+1이 공짜가 아니라고? | 이정주, 개암나무

우리 생활속에서 경제개념을 하나씩 배울 수 있다

빵이당 vs 구워뜨 | 강효미, 상상의집

동네빵집 '빵이당' 앞에 새로 생긴 '구워뜨'는 사실 미래에서 왔다고?

 사회

여기는 함께섬 정치를 배웁니다 | 최승필, 천개의 바람

욕심쟁이 왕이 제맘대로 다스리던 함께섬에 찾아온 민주주의

북한 떡볶이는 빨간맛? 파란맛? | 박천조, 사계절

멀게만 느껴지는 북한에 대해 조근조근 전하는 이야기

역사

도자기에 핀 눈물꽃 | 김양오, 빈빈책방

임진왜란 때 일본으로 끌려간 도공들의 이야기

서찰을 전하는 아이 | 한윤섭, 푸른숲주니어

동학농민운동의 한복판에서 세상을 구하러 떠나다

조선 사람의 하루 | 구완회, 북스미디어

계층의 사람들이 보내는 하루를 통해 조선사람의 생활사를 보여준다

과학

열려라, 뇌! | 임정은, 창비

내 몸 안의 소우주, 뇌에 대해 쉽게 풀어준다

우리 집에 미래 로봇이 왔다! | 안성훈, 청어람아이

시간을 뛰어넘어 과거로 온 미래로봇이 들려주는 로봇이야기

열과 온도의 비밀 | 상상의집 편집부, 상상의집

열과 온도의 개념을 그림으로 쉽게 풀어준다

먹거리 X 파일 | 권동화, 뭉치

안전한 먹거리가 무엇이지, 어떻게 고르는지 알려준다

보존과학의 비밀 | 서찬석, 예림당

오래된 문화재를 새것처럼 만들 수 있는 것은 과학의 힘이에요

📚 예술/문화

옛 그림은 재미있다, 여기는 상상미술관 | 전영실, 토토북

유명한 우리 그림을 여러 각도에서 맛볼 수 있게 이끌어준다

반짝반짝 궁전 속 세계문화 | 신현정·박세영, 가교

한 나라의 역사와 문화를 보여주는 각국의 궁전 이야기

오방색이 뭐예요? | 임어진, 토토북

우리의 전통색을 재미있고, 알기 쉽게 설명해준다

어린이를 위한 유쾌한 세계 건축 여행 | 배윤경, 토토북

세계 곳곳에 있는 건축물을 통해 각 나라의 삶과 문화를 들여다본다

어린이가 꼭 알아야 할 오페라 이야기 | 신정민, 풀과바람

재밌고 유명한 15개의 오페라를 차근차근 풀어주는 이야기

우리 아이
국어실력
키우기

초등 5~6학년을 위한 추천도서

📚 **한국 소설**

몽실 언니 | 권정생, 창비

부모가 감동하며 읽었던 그 동화를 아이들에게도 전해준다

나는 파업 중이에요 | 아멜리 쿠튀르, 교학사

루시는 마음을 닫아거는 파업을 한다. 루시는 왜 파업을 했을까?

빨강 연필 | 신수현, 비룡소

막힘없이 글을 써주는 빨강연필. 처음에는 좋았지만 점점...

악플 전쟁 | 이규희, 별숲

전학온 친구에게 악플이 달리기 시작하면서, 세 아이의 악플전쟁이 시작된다

그 여름의 덤더디 | 이향안, 시공주니어

6.25 전쟁중에도 소는 자라고, 아이는 큰다

📚 외국 소설

해저 2만리 | 쥘 베른

바다 밑으로 파고드는 최고의 모험소설

파리대왕 | 윌리엄 골딩

무인도에서 벌어지는 아이들의 삶, 투쟁, 죽음

톰 소여의 모험 | 마크 트웨인

장난꾸러기 톰의 유쾌한 소동

키다리 아저씨 | 진 웹스터

고아지만 밝은 성격의 주디 애벗은 너무 사랑스러워

📚 역사

강을 건너는 아이 | 심진규, 천개의 바람

천한 백정의 아들 장쇠, 조선 최고의 사냥꾼이 되다

식탁 위의 세계사 | 이영숙, 창비

먹거리를 통해 살펴보는 세계사의 핵심적 사건들

내 이름은 직지 | 이규희, 밝은미래

가장 오래된 금속활자 직지가 들려주는 직지 이야기

과거 제도, 조선을 들썩이다 | 이광희, 푸른숲주니어

조선을 만들고, 조선을 지탱했던 과거제도의 모든 것

우리 근대사의 작은 불꽃들 | 고진숙, 한겨레 아이들

혼란하고 어두웠던 조선 말기, 일제시대에도 시대를 앞서간 조상들이 있었다

바늘장군 김돌쇠 | 하신하, 논장

바늘을 잘 던지는 앉은뱅이 소년, 진정한 영웅이 되다

📚 경제

세금 내는 아이들 | 옥효진, 한국경제신문

교실에서 체험으로 배우는 경제, 세금 이야기

You Know? 시장경제가 뭐지! | 채화영, 북네스트

초등고학년 눈높이에 맞춘 경제개념 이야기

이솝우화로 읽는 경제이야기 | 서명수, 이케이북

이솝우화를 경제학적 관점에서 풀어낸다

주식회사 6학년 2반 | 석혜원, 다섯수레

아이들이 회사를 차렸다. 이 회사는 망하지 않을 수 있을까?

경제의 핏줄, 화폐 | 김성호, 미래아이

화폐의 탄생, 기능과 역할을 쉽게 풀어준다

퓰리처 선생님네 방송반 | 전현정, 주니어김영사

진짜 언론은 어떻게 행동해야 할까? 진리는 참된 기자가 될 수 있을까?

리무산의 서울 입성기 | 박경희, 뜨인돌어린이

국적이 없는 채로 중국에서 자란 리무산, 존재하지만 법적으로는 존재하지 않는 아이의 이야기

나의 미누 삼촌 | 이란주, 우리학교

우리 안의 이웃, 이주민 이야기

검은 눈물, 석유 | 김성호, 미래아이

소중한 자원인 석유, 일부 사람들에게는 눈물의 원인

세계를 움직이는 국제기구 | 박동석, 봄볕

알게 모르게 우리 삶에 들어와 있는 국제기구의 모든 것

미래가 온다, 나노봇 | 김성화·권수진, 와이즈만books

나노 테크놀로지? 초등학생도 이해하는 나노기술

서바이벌! 우주에서 살아 보기 | 다케우치 가오루, 봄나무

지구가 아닌 곳에서 인간은 살 수 있을까?

선생님, 기후위기가 뭐에요? | 최원형, 철수와영희

어린이를 위한 기후위기 이야기

하루 화학 | 이경윤, 다림

일상생활 속에 숨어있는 화학이야기

자연의 역습, 감염병 | 김양중, 미래아이

감염병, 세상을 뒤흔들다

세계를 바꾸는 착한 특허 이야기 | 김연희, 북멘토

더불어 세상을 만드는 착한 특허를 아니?

세상을 살린 10명의 용기있는 과학자들 | 레슬리 덴디·멜 보링, 다른

자신의 몸을 실험해가며 세상을 살리는 연구를 해온 과학자들이 있다

📚 예술

이야기로 엮은 우리 미술사 | 엄광용, 산하

시기별로 우리나라를 대표할 수 있는 화가와 작품을 소개해준다

만화보다 재밌는 민화 이야기 | 정병모·전희정, 스푼북

가장 한국적이고, 소박한 민화를 소개한다

간송미술관에는 어떤 보물이 있을까? | 김민규, 토토북

빛나는 보물을 모아둔 간송미술관, 그곳의 보물을 살펴보기

뒤샹은 왜 변기에 싸인을 했을까? | 호세 안토니오 마리나, 풀빛

낯설고 어려운 현대미술을 쉽게 알려준다

3장

글을 읽는 힘을 길러주는 독해

책은 많이 읽는데 문제는 틀리는 아이,
어떻게 하죠

"우리 애는 책을 많이 읽어요. 그런데 독해 문제집을 풀면 반은 틀리네요. 학원에 보내야 할까요?"

가끔 이런 질문을 받습니다. 책을 많이 읽어서 국어를 잘할 줄 알았는데 기대한 만큼 점수가 안 나오니 당황하게 됩니다. 왜 그럴까요? 책을 안 읽는 아이면 책이라도 읽힐 텐데 책은 이미 많이 읽고 있는데 말이죠?

독서와 독해는 다릅니다

일단 이걸 인정해야 합니다. 독서와 독해는 다른 영역이라는 것이죠. 독서는 습득하는 것이니 인풋입니다. 독해는 문제를 풀어나가는 것이니 아웃풋의 영역입니다. 독서를 많이 해서 인풋이 늘어나면 아웃풋도 잘할 것 같지만 반드시 그런 것은 아닙니다.

독해는 훈련이 있어야 하기 때문입니다. 사실 독서도 훈련을 해야 효과가 더 좋지만 여기서는 넘어가도록 하겠습니다. 독해를 잘하려면 텍스트를 분석하고 필요한 정보를 뽑아내야 하는데, 이건 훈련을 통해 키워야 합니다. 그냥 읽기만 해서는 텍스트 분석 능력이 좋아지지는 않습니다. 읽는 것이 간접적으로 도움이 될 수는 있지만요.

독해 훈련이 안 된 상태에서는 국어 시험에서 좋은 점수를 받기 어렵습니다. 문제를 어떻게 접근하면 좋은지, 문제를 어떻게 풀면 되는지를 잘 모르는데 어떻게 정답을 맞출 수 있을까요? 접근 방법이 다른 독서와 독해를 묶어서 생각하면 안됩니다.

이야기책만 읽지는 않나요

아이가 독서를 많이 한다고 말하는 부모에게 물어보는 질문이 있습니다. '그래서 무슨 책을 주로 읽나요?' 그럴 때 이야기책을 이것 저것 얘기하는 경우가 있는데요. 이야기책만 읽어서는 독해에 좋은 독서라 보기 어렵습니다. 책을 많이 읽는 것은 권장할만한 일이지만 독해를 위해서는 균형 잡힌 독서를 해야 한다는 이야기죠.

요즘 말하는 비문학책을 골고루 읽어주어야 합니다. 독해 문제집의 지문은 비문학 쪽이 훨씬 많기 때문에 이야기책만 읽은 아이는 독해 문제를 잘 풀기 어렵습니다. 지문을 이해하는데 많은 시간이 걸리기 때문입니다.

이야기책은 꼼꼼히 읽지 않아도 스토리를 따라갈 수 있기 때문에 대충 읽어놓고 책 한 권 다 읽었다고 생각하기 쉽다는 거죠. 이야기의 줄거리를 파악하는데 그치는 독서습관을 가지고 있다면 독해에 좋은 독서라고 보기 어렵습니다. 독해에서는 꼼꼼히 따져가며 읽는 것이 중요합니다.

학습만화와 멀어지게 하는 법

가끔 학습만화를 많이 보는 것을 가지고 독서를 많이 한다고 생각하는 경우도 있는데요. 학습만화는 책에 대한 흥미를 돋워주거나 지식을 보다 쉽게 접하는데는 좋지만 독서력과 문해력을 키우는 데는 좋지 않습니다. 어느 정도 자라면 글책으로 유도를 해줘야 하는 거죠. 학습만화를 독서라고 오해하시면 안됩니다. 문해력이란 문장을 읽고 해석해서 이해하는 능력입니다. 만화책에 있는 대사나 지문은 이에 적합하지 않습니다.

또한 학습만화는 글을 읽는 호흡이 짧습니다. 긴 글을 분해하듯이 읽어야 독해를 잘할 수 있는데 학습만화를 봐서는 이런 능력을 키우기 어렵습니다. 학습만화에서 벗어나 줄글로 된 책을 읽게 하는 가장 좋은 방법은 재밌는 줄글책을 보게 하는 것입니다. 2장에서 재밌는 책을 많이 추천해드렸는데요. 많은 아이들이 재밌게 읽은 검증된 베스트셀러로 줄글책에 흥미를 갖게 해주면 좋습니다.

독후 활동이 필요합니다

독서를 통해 문해력을 키워주려면 충실한 독후 활동이 필요합니다. 독서만으로 끝나는 것보다 독후 활동으로 정리를 해주는 것이 훨씬 효과가 좋습니다. 독후 활동에는 독후감 쓰기, 책 내용 정리하기, 그림 그리기, 책 내용 이어쓰기 등 여러 활동이 있습니다. 그중에서 문해력을 키우는 데 가장 효과가 좋은 것은 책 내용 정리하기입니다.

책 내용을 이해하고 자기 방식대로 정리하는 것이 독서력과 문해력의 핵심인데 책 내용을 정리하는 연습을 하면 도움이 됩니다. 단시간에 책을 읽고서는 다 읽었다고 말하는 아이, 책 내용을 물어보면 대답을 잘 못 하는 아이에게 책 내용 정리하기는 참 좋은 훈련방법입니다.

책 내용 정리하기는 꼼꼼히 읽기와 같이 해야 효과가 있습니다. 책을 휘리릭 읽고 넘기는 것이 아니라 문장과 문단을 꼼꼼히 읽으면서 내용을 정리하는 연습이 필요합니다. 그냥 읽는 방법으로는 책의 내용을 제대로 소화하지 못하고 넘어가기 쉽습니다. 읽으면서 동시에 정리하는 연습을 통해 문해력을 키울 수 있습니다.

집 팔아도 안된다는 국어,
하루 30분이면 충분합니다

하루에 국어공부를 얼마나 하면 좋을까요? 많이 하면 당연히 좋겠죠. 다다익선이라고 하지만 국어 말고도 해야 할 과목은 많으니까 효율적인 공부시간을 고민해봐야 합니다.

일단, 독서시간은 제외하고 생각해보죠. 국어공부시간이라고 하면, '독서를 말하는 건가요?'라는 질문을 많이 받는데요. 여기서 국어 공부시간은 독서를 제외한 것입니다. 독서는 기본으로 늘 해야 하는 것이고, 지금 얘기하는 것은 학습으로서의 국어공부입니다. 독서시간을 제외하는 이유는 독서는 공부라고 보기 어렵기 때문입니다. 독서는 기초를 쌓는 과정이라서요. 국어공부는 독해 문제집이나 어휘 문제집을 보는 시간을 말합니다.

초등국어 공부는 하루 30분 이내

초등학생의 경우 국어공부시간은 일주일에 3시간을 넘지 않는 것이 좋습니다. 3시간을 얘기하는 이유는 간단합니다. 현실적인 여유시간을 고려한 것입니다. 국어가 중요하다고 해서 영어와 수학을 제쳐두고 국어에만 시간을 쏟을 수는 없는 노릇입니다. 사실 영어, 수학을 먼저 공부하고 나면 국어에 3시간 쓰기도 쉽지 않잖아요.

일주일에 3시간이면 매일 30분 정도 시간을 들인다고 보면 됩니다. 수학학원 다니고, 영어단어 외우고 하는 시간을 생각해 봐도 하루 30분 정도는 국어공부에 쓸 수 있습니다. '하루 30분 정도로 충분할까요? 영어나 수학에 비해 너무 적은 시간은 아닌가요?' 하는 의문이 들 수도 있습니다. 하지만 하루 30분이라도 꾸준히 할 수 있다면 충분합니다.

그 이유는 국어라는 과목이 가지는 특성 때문입니다. 국어는 시간을 들여 조금씩 조금씩 해야 완성되는 과목입니다. 물감을 여러 번 칠해야 하는 수채화와 같습니다. 급하다고 해서 하루에 10시간씩 국어공부만 한다고 실력이 느는 과목이 아닙니다. 국어 만점을 받으려면 10,000시간을 공부해야 한다고 가정해보죠. 국어는 하루에 10시간씩 1,000일을 공부하는 것보다 하루에 1시간씩 10,000일을 공부하는 것이 더 나은 과목입니다.

보통 다른 아이들이 고등학생이 되어서야 국어공부를 진지하게 시작한다는 점을 고려할 때, 초등학교 때부터 시작한 우리 아이는 하루 30분으로도 좋은 성과를 낼 수 있습니다. 늦게 출발하면 숨 가쁘게 뛰어가야 하지만, 일찍 출발하면 하루에 한 걸음으로도 충분합니다.

그리고 국어공부를 하루에 30분 이상 시키면 아이들이 힘들어하거나 질려 하는 경향이 있습니다. 그런 점까지 생각해보면 초등 국어공부는 하루 30분 이내면 적당하다고 생각합니다. 아, 여기서 말하는 국어공부 하루 30분 이내는 독서를 꾸준히 한다는 전제하에서 가능한 거예요. 책은 읽지 않고 국어공부만 하는 것은 한계가 뚜렷합니다. 독서가 진정한 기본이기 때문입니다.

평일 국어공부는 딱 이만큼만

하루 30분이면 실제로 어느 정도 공부를 시키면 될까요? 아이마다 차이는 있지만 시중에 있는 독해 문제집 1일 분량이라고 보시면 됩니다. 보통 초등학생용 독해 문제집은 1일 분량이 4페이지인데, 읽고 문제 풀고 복습하는 시간을 합쳐서 15분에서 20분 정도가 걸

럽니다.

문제집 1일 치를 풀고 시간이 좀 남으면 어휘 문제집 같은 것을 조금 더 보거나 지문을 분석해보면 좋습니다. 지문 분석은 어렵기 때문에 국어공부에 익숙한 아이들에게 추천하고, 보통은 어휘 문제집을 1회 정도 푸는 것을 권장합니다. 어휘 문제집은 1회에 어휘 10개에서 20개 정도를 제시하는데, 아이들이 그 단어를 다 모르는 것은 아니기 때문에 현실적인 학습량은 상대적으로 적은 편입니다. 독해 문제집을 풀고 남는 시간에 어휘 문제집을 풀어주면 하루 국어 공부량으로 적당합니다.

저는 제 아이들에게 실제로 독해 문제집 1회와 어휘 문제집 1회를 푸는 방식으로 국어공부를 시키고 있습니다. 독해 문제집은 때에 따라 자습서로 대체하기도 합니다. 아이에 따라 개인차가 있기 때문에 한 번 시켜보시고 분량을 조절해주면 되겠습니다.

주말에는 글쓰기 1회

초등학교 때부터 글쓰기도 신경 써주면 좋습니다. 자세한 글쓰기 방법은 나중에 다시 얘기하겠지만 평일에는 문제집을 위주로 공부하고, 주말에는 글쓰기를 1~2회 정도 해주면 균형이 맞습니다. 스케

줄은 국어공부방법으로서 추천할만합니다. 주말 글쓰기를 추천하는 것은 글쓰기를 잘하려면 시간적인 여유가 필요하기 때문입니다. 글쓰기를 하려면 보통 30분에서 1시간까지 시간이 걸립니다.

글쓰기를 할 때 시간이 짧으면 깊은 생각을 하기 어렵습니다. 평일에는 학교나 학원 등으로 해야 할 일이 많으므로 이런 시간을 따로 내기가 어렵고 글쓰기에 집중할 여유도 없습니다. 주말에도 학원을 가거나 종교활동을 하는 등 바쁜 일정이 있겠지만 평일보다는 글쓰기에 집중할 여유가 있습니다.

이렇게 확보된 시간을 바탕으로 주말에 1페이지 정도의 분량으로 글을 쓰도록 해주면 됩니다. 더 긴 글을 쓰면 좋겠지만 초등학생은 일주일에 1페이지 정도 글쓰기를 하는 것만으로도 많은 효과를 기대할 수 있습니다.

독해 문제집을 푸는 습관은 국어공부에 많은 도움이 됩니다. 하루에 1회분 정도씩 독해 문제집을 푸는 것만으로도 꽤 많은 것을 배울 수 있습니다. 독해 문제집 1권을 꼭꼭 씹어먹어 국어 실력을 팍팍 키울 수 있는 방법을 소개하겠습니다.

독해 지문으로 연습하는 방법

독해 문제집 사용설명서 첫 번째는 문단별로 중심 단어 또는 중심 문장 찾기입니다. 중심 단어나 중심 문장 찾기는 국어에 있어서 핵심적인 공부법입니다. 중심 단어를 잘 찾으려면 글을 정확히 제대로 읽을 수 있어야 하고, 읽은 내용을 정리할 수 있어야 하기 때문입니다. 결국 우리가 국어를 통해 얻고자 하는 것이 바로 이런 능력입니다. 글이 무엇을 말하는지를 이해하고 요약하는 능력을 키워주는 데 가장 좋은 훈련 방법이 바로 중심 단어나 중심 문장을 찾아보는 것입니다.

중심 단어 찾기는 책을 가지고도 할 수 있습니다. 그런데 독해 문제집으로 중심 단어 또는 중심 문장 찾기를 하면 더욱 좋습니다. 이런 훈련을 하기에 독해 문제집이 적합합니다. 일반적인 글은 그 핵심내용이 잘 안 드러나는 경우가 많습니다. 한 문단에 하나의 중심 단어, 하나의 중심 문장이 선명하게 보여야 하는데 대부분의 글은 그렇지 못합니다.

문제집에서 독해 지문은 좋은 재료를 골라 아이들이 잘 먹을 수 있게 잘 다듬고, 요리까지 마친 글입니다. 독해 문제집을 내는 출판사에서는 여러 전문가에게 문제를 의뢰합니다. 그러면 각 전문가들이 중심 단어나 중심 문장이 잘 보이는 좋은 글을 선별합니다. 이런 글을 출판사에서 한 번 더 거르고, 때로는 수정도 합니다. 여러 과정을 거쳐 만들어졌기 때문에 중심 문장 찾는 훈련에 적합합니다.

중심 단어나 중심 문장을 찾는 훈련은 4단계로 이루어집니다. 중심 단어 표시하기, 중심 단어 만들기, 중심 문장 표시하기, 중심 문장 만들기입니다. 실제 독해 문제집에 나온 독해 지문을 가지고 예를 들어 살펴보겠습니다.

문단마다 중심 단어 찾기

독해 문제집을 매일 1일 치 분량에는 보통 1페이지 정도의 독해 지문이 나옵니다. 문단으로는 5~6개 정도입니다. 처음에는 각 문단마다 중심 단어 찾기를 합니다. 이것이 기초훈련입니다.

> 시장에는 상품을 판매하는 사람과 구매하는 사람이 있습니다. 바로 이 둘의 수요와 공급에 의해 시장의 가격이 결정됩니다. 수요란 어떠한 상품을 일정한 가격에 구입하고자 하는 것을 말하고 공급은 어떤 상품을 일정한 가격에 팔고자 하는 것을 말합니다. 이 수요과 공급이 맞아떨어지는 지점에서 가격이 정해집니다.
>
> - 《뿌리깊은 초등국어 독해력 5단계》, 76p

위의 문단에서 중심 단어는 무엇일까요? '가격 결정'입니다. 어떻게 찾는지 살펴봅시다. 중심 단어는 해당 글에서, 해당 문단에서 자주 반복되는 경우가 많습니다. 위의 문단을 보면 두번째 문장에 가격 결정이라는 말이 나오고, 마지막 문장에도 가격이 정해진다는 내용이 나옵니다. 여러 번 반복되는 단어를 찾은 뒤 다른 문장이나 다른 단어가 반복 단어를 설명하거나 꾸며주는지를 살펴봅니다.

지금 글에서는 가격 결정을 설명하기 위해 수요와 공급이라는 개념이 등장하고 있습니다. '수요와 공급에 의해 가격이 결정된다', '수요와 공급이 맞아떨어지는 지점에서 가격이 정해진다'라는 문장을 보면 수요, 공급이라는 개념이 가격결정이라는 말을 설명하기 위해 쓰인다는 것을 확인할 수 있습니다.

중심 단어 만들어보기

이제 조금 단계를 높여봅시다. 이번에는 글에 있는 중심 단어를 찾는 것이 아니라 그 문단을 잘 나타낼 수 있는 중심 단어를 만들어보는 훈련입니다. 한 문단에서 중심 단어를 찾기 어려운 경우가 종종 있습니다. 그럴 때는 그 문단을 압축적으로 보여줄 수 있는 중심 단어를 만들어낼 수 있어야 합니다.

문단을 완전히 이해한 뒤 이를 함축하는 단어를 제시하는 것입니다. 이미 글에 있는 중심 단어를 찾는 것보다 한 단계 높은 훈련 방법입니다.

> 꿀벌은 한 마리의 여왕벌을 중심으로 일벌, 수벌로 구성되는 집단을 이루고 있습니다. 여왕벌만이 알을 낳을 수 있으며, 하루 1,000개에서 3,000개까지 알을 낳습니다. 일벌은 여왕벌과 같이 암컷이지만 알을 낳지 못하며 집짓기, 집 청소, 유충 기르기, 먹이 모으기 등의 역할을 수행합니다. 일벌이 거의 모든 일을 하는 반면 수벌은 여왕벌과의 결혼을 하는 일 이외에는 하는 일이 없습니다. 수벌이 병정벌이라고 말하는 사람도 있지만, 수벌은 독침이 없기 때문에 집을 지키는 일을 할 수 없습니다.
>
> - 《뿌리깊은 초등국어 독해력 5단계》, 80p

이 문단은 중심 단어를 찾기가 쉽지 않습니다. 이럴 때는 문단에서 말하는 바를 보여줄 수 있는 중심 단어를 만들어줘야 합니다. 어떻게 중심 단어를 만들면 좋을까요?

저라면 '꿀벌의 종류 및 역할'이라고 하겠습니다. 글에서 여왕벌,

일벌, 수벌이라는 종류를 나눈 후, 벌이 하는 일을 설명하고 있기 때문입니다. 문단의 어디에도 종류나 역할이라는 단어가 나오지 않지만 이 문단의 내용을 종합해보면 꿀벌의 종류와 역할에 대한 이야기임을 알 수 있습니다.

중심 문장 찾기

그다음 단계는 중심 문장을 표시하는 것입니다. 중심 단어 찾기와 방법은 기본적으로 비슷합니다. 중심 단어 대신에 중심 문장을 찾아 표시하면 됩니다. 학생에 따라서는 중심 단어보다 중심 문장 찾기를 더 쉽게 느끼기도 합니다. 보통 중심 문장은 문단의 처음과 끝에 나오기 때문에 이런 패턴에 따라 찾으면 된다고 생각하는 경우입니다. 두괄식 또는 미괄식 문장이 글쓰기의 기본이라 이런 접근방법은 좋습니다.

중요한 것은 두괄식인지 미괄식인지를 구분하는 것과 전형적인 패턴을 벗어난 문단에서도 중심 문장을 찾을 수 있어야 한다는 점입니다. 처음에는 전형적인 두괄식 또는 미괄식 형태의 문단으로 연습을 하고, 이후에는 좀 더 다양한 형태의 문단으로 연습을 하면 좋습니다.

우리는 음식을 남김없이 다 먹어야 합니다. 남은 음식은 고스란히 쓰레기가 되기 때문입니다. 음식물 쓰레기를 처리하기 위해서는 추가적인 비용이 들고, 악취도 문제가 됩니다. 또한 음식을 남기는 것은 재료를 생산하고, 음식을 만든 사람들에게 죄송한 일이기도 합니다.

이 문단은 중심 문장이 앞에 있는 두괄식 구성입니다. 음식을 남김없이 먹어야 한다는 주장이 처음에 나오고, 이후 이 주장을 뒷받침하기 위한 문장들이 나오고 있습니다.

음식물 쓰레기가 쌓이고 있다. 서울에서 하루에 나오는 음식물 쓰레기의 양이 약 2,500톤이라고 한다. 이 쓰레기를 처리하기 위해 하루에도 수십억 원을 써야 한다. 음식물 쓰레기를 처리하는 시설에서 발생하는 악취로 인해 주변 주민들의 피해도 크다. 이런 문제를 해결하기 위해서 우리는 음식을 남김없이 먹어야 한다.

이 문단은 중심 문장이 맨 뒤에 있습니다. 앞의 문단과 같은 내용이지만 중심 문장의 위치가 다릅니다. 현상과 이유를 먼저 서술하고, 주장을 뒤에 쓰고 있습니다. 앞의 문단과 비교해보면 두괄식과 미괄식의 차이를 알 수 있습니다.

> 싸이의 '강남스타일'은 발표된 직후부터 전 세계적으로 큰 인기를 끌었습니다. 특히 유튜브에 업로드된 뮤직비디오에 대한 반응이 뜨겁습니다. '강남스타일'이 이렇게 인기를 끌게 된 까닭은 무엇일까요?
>
> - 《뿌리깊은 초등국어 독해력 4단계》, 62p

이 문단에서는 중심 문장이 마지막에 있습니다. 맨 첫 문장이 중심 문장이라고 생각할 수 있지만, 마지막 문장에서 질문을 던지면서 향후 글에서 말하고자 하는 바가 무엇인지를 밝히고 있다는 점에서 마지막 문장을 중심 문장으로 보는 것이 좋다고 생각합니다.

연습을 하다 보면 아이가 중심 문장을 잘 찾지 못하는 경우가 있습니다. 그럴 때는 첫 문장이나 마지막 문장이 중심 문장이라 가정하고 다시 글을 읽어보라고 하면 좋습니다. 중심 문장이라고 가정했던 문장을 기준으로 다른 문장을 읽었을 때 어색하지는 않은지, 다른 문장이 그 문장을 설명하거나 꾸며주고 있는지를 따져보는 것입니다.

중심 문장 만들어보기

마지막 단계는 중심 문장을 만드는 것입니다. 중심 문장을 만들려면 중심 단어를 찾거나 만드는 것을 먼저 해야 합니다. 중심 단어를 풀어서 문장으로 만들어야 하기 때문입니다. 중심 문장 만들기가 마지막 단계인 이유입니다.

당시에는 중국풍의 그림이 유행하였습니다. 대부분의 화가들은 사신을 통해 들어온 중국의 그림을 그대로 베꼈습니다. 하지만 신사임당은 중국의 그림을 그대로 베끼는 것이 못마땅했습니다. 조선 사람은 조선의 그림을 그려야 한다고 생각했기 때문입니다. 다른 조선의 화가들이 중국 그림 속에 있는 중국의 쏘가리를 베낄 때, 신사임당은 우리나라에 사는 쏘가리를 직접 보고 그렸습니다.

- 뿌리깊은 초등국어 독해력 5단계, 146p

중심 단어를 먼저 생각해볼까요? '신사임당 그림의 특징'이나 '우리 것을 그린 신사임당' 정도가 좋겠네요. 전자보다는 후자가 좀 더 낫다고 생각하는데, 전자는 구체적인 내용이 잘 안 드러나기 때문입니다.

'우리 것을 그린 신사임당'이라는 중심 단어를 가지고 중심 문장을 만들어보죠. '신사임당은 중국 그림을 베끼지 않고 우리 것을 직접 보고 그렸다'라고 하면 어떨까요? 중심 단어에서 주어를 앞으로 보내고, '중국 그림을 베끼지 않고'라는 말을 넣으면 좀 더 구체적으로 드러낼 수 있습니다. '신사임당은 중국 그림을 베끼지 않고 우리 것을 직접 보고 그렸다.'는 중심 문장을 만들 수 있습니다.

독해 문제집을 풀면서 같이 해보세요

이런 방식으로 매일 독해 문제집을 풀면서 동시에 중심 단어 또는 중심 문장 찾는 훈련을 해주면 좋습니다. 또 아이가 중심 단어와 중심 문장을 잘 찾고 있는지를 확인하고 어려움을 겪을 때는 부모가 대화를 통해 이끌어주어야 실력이 제대로 자리 잡습니다.

생각하는 바를 깔끔하고 명확하게 정리하지 못하는 아이에게 중심 단어를 찾고 중심 문장을 써보라고 하면 더 힘들어하기 때문입니다. 하나하나 짚어가며 아이가 중심 단어, 중심 문장을 찾을 수 있도록 도와주셔야 합니다. 예를 들어볼까요?

날이 좋은 5월에 우리 마을에서 잔치가 열립니다. 마을주민이면 누구나 참가할 수 있습니다. 잔치에는 맛있는 음식도 많이 준비되어 있고, 마을 어르신들의 노래자랑 대회도 열립니다. 초등학교 학생들의 율동도 볼 수 있습니다.

"이 문단은 무엇에 관한 글일까?" 이렇게 글의 소재에 대해 물어보면 아이가 여러 가지로 답을 할겁니다.

"우리 마을에 대한 이야기에요"

아이의 답변이 빗나간 경우에는 중심 단어를 유추할 수 있도록 이끌어주면 좋습니다.

"어, 그래. 마을에 대한 이야기지. 그런데 마을에 대한 이야기 중에서도 어떤 것을 주로 이야기하고 있을까?"

한 번에 정답을 말하는 아이는 드뭅니다. 차근차근 정답을 찾아가는 과정을 같이 짚어주세요. "그래서 글쓴이가 결국 하고 싶은 말을 한 문장으로 만들면 뭐야?" "이 글의 제목으로는 뭐가 적당할까?" "여기에서 흥미로웠던 문장은 어떤 게 있을까?" 아이가 이렇게 다양한 질문에 답을 하다 보면, 어슴푸레했던 중심 문장과 중심 단어를 찾아낼 것입니다.

독해 문제집을 꼭꼭 씹어먹는 두 번째 방법은 정답과 오답의 근거 찾기입니다. 근거찾기란 정답이 왜 정답인지, 오답이 왜 오답인지를 지문에서 근거를 찾아내 이해하고 넘어가는 것을 말합니다. 막연히 감으로 문제를 푸는 것이 아니라 철저하게 지문을 바탕으로 근거를 찾아내는 훈련을 하는 것입니다.

감으로 문제를 푸는 아이들

아이들은 보통 문제를 풀고 채점을 하고 나면 다음으로 쓱 넘어가 버립니다. 정답을 맞춘 경우 '아싸, 정답이네'하고는 답지도 안 읽어보고 그냥 넘어갑니다. 정답을 맞춘 것은 물론 잘한 일이지만, 답을 맞추었다고 해서 아이가 그 문제를 정말 제대로 이해했다고 할 수 있을까요? 운이 좋아서 감으로 찍었는데 소 뒷걸음질로 쥐를 잡은 것은 아닐까요? 정답을 맞췄다고 좋아하는 아이에게 '이게 왜 정답이라고 생각했니?'라고 물어보세요. 아마 90% 아이들은 설명을 제대로 못 할 겁니다. 아니면 '어… 이거 같았는데요.'라고 어물쩍 넘어가고 맙니다.

이게 왜 정답인지를 설명할 수 없다는 것은 실력이 완성되지 않았다는 의미입니다. 운으로 한 두 번은 맞을 수 있겠지만, 자기 실력으로 자리 잡았다고는 보기 힘듭니다. 운은 그 날의 컨디션에 따라 좌우됩니다. 실력이 아니라 운으로 정답을 맞춘 것만 믿었다가는 실제 시험에서 운이 나쁘면 시험을 망치게 됩니다.

우리 아이에게 필요한 것은 운에 기대는 것이 아니라 탄탄한 실력을 쌓는 것입니다. 아이가 문제집을 풀면 다 맞는다고 안심하면 안 되는 이유입니다.

수학에 비유하면 좀 더 이해하기 쉬울 겁니다. 수학문제를 풀 때는 풀이과정도 정확해야 합니다. 풀이과정이 엉망인데 정답은 맞았다고 해서 이 학생이 그 문제를 잘 풀었다고 할 수 있을까요? 이번에는 운 좋게 맞았지만 다음에 또 맞는다는 보장은 없지 않을까요?

그래서 수학을 가르칠 때는 풀이를 꼭 노트에 쓰게 하고, 풀이과정이 잘 맞았는지까지 살펴봐야 합니다. 국어도 마찬가지입니다. 국어에서도 풀이과정이 올바르고, 정확한 근거에 기초하여 문제를 풀 수 있어야 합니다.

문제를 틀린 경우에는 더욱더 근거 찾기에 신경을 써야 합니다. 왜 틀렸는지, 지문을 엉뚱하게 해석한 것은 아닌지, 정답의 근거가 되는 문장을 못 찾은 것은 아닌지 등을 꼼꼼하게 들여다봐야 합니다. 그런데 많은 학생이 문제를 틀리면 해설지를 읽어보는 정도에서 그칩니다. 해설지를 읽고 '아, 그렇구나'하고 넘어가는 학생이 많습니다.

그러나 남이 써놓은 풀이를 보고, 고개만 끄덕거리는 것은 자기 공부가 아닙니다. 자기 공부가 되려면 스스로 따져보고, 이해해야 합니다. 독해 문제집을 풀고 나서 맞으면 맞은 대로 틀리면 틀린 대로 그 근거를 지문에서 낱낱이 찾아보고 이해해야 합니다. 이런 근거찾기 훈련을 지속적으로 해야만 그 실력이 확실히 늘어납니다.

수능까지 생각한다면 근거찾기의 필요성은 더 커집니다. 수능국어는 지문도 길고 내용도 어렵습니다. 지문을 한 번 읽고 나서 문제를 보면 지문이 무슨 내용이었는지가 가물가물합니다. 게다가 요즘 수능은 문제도 꼬아서 출제를 합니다. 문제마다 근거를 정확히 찾아서 지문에 표시하지 않고 그냥 감으로만 문제를 풀려고 하면 혼란스럽고 시간만 오래 걸립니다. 지문에서 문제를 푸는데 필요한 부분을 찾아서 표시해줘야 시간도 줄이고 오답률도 줄일 수 있습니다.

또한 문제마다 근거찾기를 하면서 독해 문제집을 풀면 지문을 꼼꼼하게 읽는 훈련을 할 수 있습니다. 그냥 눈으로만 문제를 풀 때는 지문을 대강 읽고 넘어가는 잘못된 습관이 생길 수 있는데, 이렇게 문제풀이의 근거를 찾으려면 한 문장 한 문장 열심히 읽어줘야 하기 때문에 정독 습관이 자연스럽게 길러집니다. 정독을 하지 않으면 근거를 찾을 수 없으니까 듬성듬성 책을 읽던 아이도 집중해서 지문을 읽게 됩니다.

근거찾기 이렇게 해보세요

저는 아이들에게 독해 문제집을 풀 때 각 문제마다 그 근거를 지문에서 찾아서 표시하도록 시키고 있습니다. 문제풀이의 근거를 지문에서 찾도록 가르치고 있습니다. 정답과 오답의 근거찾기 훈련입니다. 예를 들어볼까요?

16. 글쓴이가 공정 무역 제품을 사용해야 하는 근거로 제시한 것은 무엇입니까?

- 《EBS 만점왕 국어 6-2》, 57p

이 문제를 풀기 위해서는 공정 무역 제품에 관한 지문을 제시하고, 글쓴이의 주장에 대한 근거를 찾아야 합니다. 글쓴이의 주장에서 그 근거가 되는 문장을 아래와 같이 지문에서 찾아서 표시를 해 줍니다.

공정 무역 제품을 사용해야 하는 까닭은 다음과 같습니다. **첫째, 생산자에게 돌아갈 정당한 이익을 지켜 줍니다.** 흔히 볼 수 있는 과일 가운데 하나인 바나나의 경우, 우리가 3천 원짜리 바나나 한 송이를 산다면 약 45원만이 생산자인 농민에게 이익으로 돌아갑니다. 그 까닭은 바나나 생산국에서 우리 손에 오기까지 바나나 농장 주인, 수출하는 회사, 수입하는 회사, 슈퍼카켓 등이 총수익의 98.5퍼센터를 가져가기 때문입니다. 공정 무역에서는 생산자 조합과 공정 무역 회사를 만들

이런 식으로 독해 문제를 풀어야 문제를 푸는 힘과 지문을 읽는
힘이 길러집니다. 눈으로만 문제를 풀고 감으로만 문제를 푸는 것은
한계가 있습니다. 문제마다 정답과 오답의 근거를 지문에서 찾아내
는 훈련을 통해 진정한 독해력과 문해력을 키울 수 있습니다.

시작은 하루 한 문제부터

물론 근거찾기까지 하면서 독해 문제집을 푸는 것은 시간이 많이
걸리고 힘든 일입니다. 아이들은 하기 싫어합니다. 재미없고, 당장
성과가 눈에 보이지도 않는 공부법이기 때문입니다. 그래서 처음 독
해 문제집을 풀거나 저학년에게는 이런 방법을 권하지 않습니다. 독
서량이 충분히 쌓였거나 고학년인 학생에게는 참 좋은 공부법이지
만 저학년이거나 읽는 습관이 제대로 들이지 않은 학생에게는 지루
할 수 있습니다.

근거찾기는 힘들지만 장기적으로 보았을 때 수능국어도 큰 어려움 없이 시험을 볼 수 있는 좋은 공부법입니다. 꾸준히 하면 운에 기대지 않는, 탄탄한 국어 실력을 키울 수 있습니다.

아이가 독해 문제집에 어느 정도 익숙해졌다면, 그냥 문제집만 풀게 하지 말고 근거찾기 훈련을 조금씩 시작해주세요. 하루에 한 문제부터 시작해보세요. 한 문제라도 제대로 근거찾기 훈련을 하다 보면 조금씩 문제를 보는 시각이 달라지고, 국어 문제를 어떻게 풀면 되는지 감을 잡을 겁니다. 근거찾기 훈련을 추천하는 이유입니다.

독해 문제집 사용 설명서 3
: 모르는 어휘는 따로 정리

독해 문제집을 잘 활용하는 세 번째 방법은 모르는 어휘를 따로 정리하는 것입니다. 요즘은 국어도 어휘책을 따로 봐야하는 분위기 이지만 지문을 읽으면서 모르는 어휘를 확인하고 이를 정리하는 것은 어휘 공부의 가장 기본적이고 확실한 방법입니다.

지문을 읽으면서 모르는 어휘에 표시합니다

독해 문제집은 지문을 읽고 내용을 이해한 후 문제를 푸는 것이 보통입니다. 처음 지문을 읽을 때 모르는 어휘에 연필로 가볍게 표시해줍니다. 볼펜이나 형광펜을 쓰면 내용을 이해하는 데 방해가 될 수 있으므로 연필로 표시하는 것이 적당합니다. 보통은 밑줄을 긋거나 동그라미를 그립니다.

모르는 단어가 나올 때마다 부모에게 물어보는 아이가 있는데, 이럴 때 부모는 바로 답을 해주는 것을 피해야 합니다. 즉각적인 답변은 아이의 국어 실력 향상에 도움이 되지 않습니다. 아이에게 역으로 질문을 해서 아이가 그 뜻을 미루어 짐작할 수 있도록 유도해줘야 합니다.

"아빠, 형설지공이 뭐에요?"

"어, 형설지공은 열심히 공부하는 것을 말해"(X)
"네가 보기에는 어떤 의미로 쓰였을 것 같은데?"(O)

모르는 어휘 확인하기

모르는 어휘에 표시하면서 지문을 다 읽은 후에는 두 가지 선택지가 있습니다. 하나는 바로 모르는 단어의 뜻을 하나하나 다 찾아보는 것이고, 다른 하나는 문제까지 다 푼 뒤에 단어의 뜻을 찾아보는 것입니다. 전자는 읽기, 단어 찾아보기, 문제 풀기의 순서이고 후자는 읽기, 문제 풀기, 단어 찾아보기의 순서입니다.

저는 후자의 방법을 더 추천합니다. 모르는 단어의 뜻을 어림짐작한 상태에서 문제를 풀게 함으로써 그 단어를 제대로 파악했는지 다시 한번 확인할 수 있기 때문입니다. 단어의 뜻을 제대로 유추해서 맞은 경우에는 아이에게 긍정적인 피드백을 줄 수 있습니다. 반대로 단어의 뜻을 잘못 유추해서 틀린 경우에는 아이에게 단어의 뜻을 보다 선명하게 인식시킬 수 있습니다.

다만, 모르는 어휘가 많은 경우에는 전자의 방법을 추천합니다. 단어를 몰라서 내용 파악이 힘들고 문제도 틀리면 아이가 공부에 흥미를 잃을 수 있기 때문입니다. 아이의 상황에 따라 적절한 방법을 선택할 필요가 있습니다.

모르는 어휘 정리하기

하루 치 독해 문제집을 풀고 난 다음에는 모르는 어휘를 정리하면서 마무리를 하는 것이 좋습니다. 사전에서 어휘의 뜻을 찾아보았다고 해도 그 기억이 확실히 자리 잡았다고 보기 힘듭니다. 어휘가 장기기억으로 전환되려면 여러 번 반복해야 하는데, 따로 정리해두지 않으면 반복이 어렵습니다.

이때 유추를 통해 그 단어의 뜻을 정확하게 파악한 경우에는 따로 정리하지 않습니다. 이미 제대로 뜻을 알고 있으므로 굳이 하지 않아도 좋습니다. 어휘의 뜻을 모르는 경우만 정리하는 것이 효율적입니다.

 모르는 어휘를 정리할 때는 별도의 노트를 만드는 것을 추천합니다. 나중에 복습을 할 때 그 노트만 펼치면 되니까요. 문제집에 모르는 어휘의 뜻을 적은 경우에는 일일이 펼쳐봐야 하기 때문에 복습이 귀찮아질 수 있습니다.

 QUIZLET(퀴즐렛)이나 클래스카드와 같은 암기용 어플을 사용하는 것도 좋습니다. 그 이외에도 단어 암기를 도와주는 어플이 많이 있는데 이런 것을 활용하면 보다 편하게 단어의 뜻을 기억할 수 있게 됩니다. 어플에 모르는 단어를 한 번 정리해두면 시간이 날 때마다 손쉽게 반복할 수 있습니다.

독해 문제집 추천

요약 훈련은 국어공부에서 빼놓을 수 없는 중요한 공부법입니다. 사실상 국어공부는 요약 훈련으로 완성된다고 볼 수 있을 정도입니다. 수동적으로 문제만 푸는 것보다는 능동적으로 문제집을 활용할 필요가 있습니다.

독해 문제집 중에는 중심 단어나 중심 문장이 보이지 않아 요약 훈련하기에 적합하지 않은 문제집들이 있는 것도 사실입니다. 처음부터 요약훈련에 맞춰서 만들어진 독해 문제집이 아니기 때문인데요. 다행히도 요즘에는 요약 훈련을 하기 좋은 구성과 지문을 갖추고 있는 문제집들이 시중에 잘 나와 있습니다. 제 아이에게도 풀게 하고, 주위 아이들과 같이 풀어보기도 한 교재를 추천드립니다.

자이스토리 초등국어 독해력 쑥쑥

수경출판사 국어 콘텐츠 연구소, 수경출판사

《자이스토리 초등국어 독해력 쑥쑥》은 6단계로 연습을 하도록 되어 있습니다. step 1 부터 step 6까지 각 step을 6회씩 연습하는 방식입니다. step당 6회니까 총

36회 구성입니다. 보통 1회를 하루에 푸니 36일 구성이기도 하네요. 이 문제집을 풀때는 주6회로 해서(월~토) 6주에 끝내는 방식으로 하는 것이 좋습니다.

초등문해력 한 문장 정리의 힘

메가스터디 초등국어교육 연구소, 메가스터디북스

《초등문해력 한 문장 정리의 힘》은 제목부터 요약 훈련을 위한 책이라는 점을 드러냅니다. 이 교재는 지문 읽기, 노트 정리 연습, 한 문장 요약의 세 단계로 요약 훈련을 할 수 있도록 구성되어 있습니다. 다양한 분야의 교과 연계 지문을 읽으면서 독해연습을 하고, 이후에는 노트 정리와 한 문장 요약 연습을 하는 방식입니다.

문제집은 요약 훈련을 친절하게 이끌어줍니다. 부모가 직접 가르치는 것보다 더 편하고, 부모가 아이들을 가르칠 때 교재로 쓰면 더욱 좋은 효과를 기대할 수 있습니다. 요약 훈련은 국어공부뿐만 아니라 앞으로의 모든 학습에서 써먹을 수 있는 좋은 도구입니다. 이런 문제집을 통해 근본적인 학습능력을 키울 수 있습니다.

국어 전 영역을 골고루 챙기려면
자습서

국어공부를 위해 독해 문제집과 어휘 문제집을 푸는 것은 좋은 방법입니다. 독해와 어휘라는 국어의 기본적인 영역을 체계적으로 훈련할 수 있기 때문입니다. 그런데 국어에는 독해와 어휘 말고도 중요한 영역이 더 있습니다. 문법도 있고, 쓰기도 있죠. 중학교, 고등학교에 가서 내신이나 수행평가를 생각한다면 이러한 영역도 소홀히 하기는 어렵습니다.

국어의 전체적인 학습을 생각하는 자습서

독해 문제집은 독해만 보게 되는데 국어에는 문법도 있고, 쓰기도 있으니까 어느 하나도 놓치고 싶지 않다면 무슨 문제집을 봐야 할까요? 그런 분들을 위해 국어 자습서가 있습니다. 자습서는 교과서를 바탕으로 교과서를 자세히 풀어준 책입니다. 국어 자습서를 왜 봐야 할까요?

이 질문에 답하려면 교과서의 중요성을 다시 한번 살펴보아야 합니다. 모든 공부의 기본은 교과서입니다. 교과서만으로 부족하다 느껴서 여러 참고서나 문제집을 푸는 것이지만 기본은 교과서로 가는 것이 맞습니다.
교과서는 많은 교사와 집필진이 모여서 만든 좋은 책입니다. 우리가 국어 과목에서 배워야 할 모든 것이 집약되어 있습니다. 교과서를 다 소화하지도 못하는데 응용서를 봐서 무엇하나요? 사상누각입니다.

교과서가 너무 쉽다고요? 그러니까요. 그렇게 쉬운 교과서부터 꼭꼭 씹어먹어야죠. 교과서조차 소화하지 못하는 아이들이 은근히 많습니다. 교과서를 펴서 아이에게 한 번 설명해보라고 해보세요. 대답을 못 하거나 어물쩍 넘기는 경우가 흔합니다.

그런데 교과서를 혼자 공부하는 것은 쉽지 않습니다. 그렇게까지 친절한 책은 아니거든요. 많은 내용을 압축적으로 담아놓은 책이다 보니 교과서를 친절하게 분석하고 설명해주는 책이 필요합니다. 바로 그럴 때 자습서가 유용합니다. 국어 교과서에는 국어공부에 필요한 모든 것이 들어있는데요. 교과서는 너무 좋은 책이지만 이걸 아이 혼자서 소화하는 것은 힘들기 때문에 자습서를 적극 활용할 필요가 있습니다.

자습서를 어떻게 공부할까요?

자습서에도 여러 가지 종류가 있습니다. 《EBS 초등 기본서 만점왕 국어》와 《한끝 초등 국어》가 있습니다. 이 중에서 아이가 선호하는 것을 선택하면 좋습니다. 다들 좋은 자습서이기 때문에 큰 차이는 없습니다. 아이가 맘에 들어하는 것을 고르면 조금이라도 더 열심히 풀 수 있습니다.

자습서를 선택했다면 자습서를 어떻게 공부하면 좋을까요? 쉽습니다. 자습서를 그냥 풀게 하면 됩니다. 내용을 읽고 문제 풀고, 채점하고 이게 다입니다. 부모가 강의를 하거나 따로 설명해 줄 필요도 없습니다. 오직 필요한 것은 체크입니다. 그냥 두면 제대로 안 하니까요.

초등 국어는 무언가 거창한 것을 하는 것이 중요한 것이 아니라 기본적인 것을 꾸준히 하는 것이 중요합니다. 국어 자습서를 푸는 것도 마찬가지입니다. 그러니 부모가 할 일은 매일 1페이지라도 자습서를 풀 수 있도록 이끌어주는 것입니다.

자습서는 그렇게 어렵지 않습니다. 교과서를 바탕으로 하기 때문에 아이들도 충분히 혼자서 읽고 소화할 수 있는 수준입니다. 저희 아이들한테 실제로 시켜보니 아이가 크게 부담을 느끼지 않으면서 실력은 조금씩 쌓이는 것 같습니다. 자습서를 풀기 전에는 교과서 내용을 저에게 물어보거나, 수행평가를 준비하면서 어떻게 공부해야 할지를 잘 모르겠다는 말을 했었는데 국어 자습서를 풀게 한 다음에는 그런 일이 줄어들었습니다.

자습서를 공부하는 더 좋은 방법은 독해 문제집과 자습서를 번갈아가며 풀게 하는 것입니다. 자습서로 국어의 전 영역을 골고루 공부한 다음에는 독해 문제집을 풀어서 독해를 좀 더 깊이있게 공부하고, 그다음에는 다시 자습서를 공부하는 방식입니다. 이렇게 번갈아가며 공부하면 지루함을 덜 수 있고, 좀 더 균형 잡힌 공부를 할 수 있습니다.

자습서는 자기 학년보다 최대 1년까지는 선행으로 나가도 좋습니다. 그 정도 범위는 아이들이 소화할 수 있습니다. 이건 선택의 문제입니다. 현행으로 자습서를 공부하면서 학교 수업과 보조를 맞추어도 좋고, 조금 선행을 더 나가게 하는 것도 좋습니다. 저 같은 경우는 자습서와 독해 문제집을 번갈아가며 풀게 하기 때문에 자습서는 보통 한 학기에서 1년 정도 선행하고 있습니다. 자습서 선행을 하게 되면 국어에 자신감이 생기고, 국어공부를 보다 수월하게 할 수 있습니다.

4장

국어 실력을
탄탄하게
다지는
쓰기

바빠도 글쓰기를
해야 하는 이유

많은 부모들이 쓰기를 강조하면 의아해합니다. 독서를 많이 해야 한다고 했을 때는 당연히 수긍하던 부모들도 초등학교 때 쓰기를 잘 연습하고, 많이 써야 한다고 말하면 다른 반응을 보입니다.

"쓰기요? 독후감 쓰기 말씀하시나요?"
"아, 서술형 수능이 도입된다고 그러는데, 그래서 쓰기가 중요한 거죠?"

이런 생각이 틀린 것은 아닙니다. 당장 학교 과제나 시험에서 글쓰기가 필요하니까요. 그렇지만 글쓰기에는 보다 중요한 의미가 있습니다. 글쓰기가 학습능력에 영향을 미치기 때문입니다. 글쓰기에 필요한 능력이 공부에 필요한 능력과 다르지 않습니다.

이를 단적으로 보여주는 것이 바로 논술 시험입니다. 일부 대학에서는 논술만으로 학생을 선발하는 논술 전형을 시행하고 있습니다.(수능 최저 기준 등 다른 조건이 있을 수 있습니다) 이들 대학에서 논술 전형을 실시하는 것은 논술의 수준만 가지고도 이 학생이 대학에 들어올 자격이 있는지, 대학 수업을 따라갈 학습능력이 있는지를 파악할 수 있기 때문입니다. 글쓰기와 학습능력의 연관성은 높습니다. 좀 더 구체적으로 살펴보겠습니다. 글을 잘 쓰려면 어떤 능력이 필요할까요?

문제를 정확히 인식하고 이해하는 능력이 필요합니다

무엇을 쓰라고 하는지를 파악하지 못하면 좋은 글을 쓸 수 없습니다. 이는 공부에 있어서도 마찬가지입니다. 문제가 요구하는 것이 무엇인지를 알아야 공부를 잘할 수 있습니다.

이런 글쓰기 문제를 살펴보죠.

공부를 잘하려면 학원을 다녀야 할까요?

자신의 입장을 정하고, 그에 맞는 논거를 3개 이상 포함해서

써보세요.

학원의 필요성에 대한 자신의 입장과 논거를 정리해서 쓰라는 문제입니다. 이 글쓰기 문제에서 묻는 것은 학원이 공부에 도움이 되는지입니다. 그렇다면 입장은 두 가지 중 하나가 되어야 합니다.

① 학원을 다니면 공부를 잘하게 됩니다.

② 학원을 안 다녀도 공부를 잘할 수 있습니다.

그런데 문제를 잘못 파악하고 이런 엉뚱한 입장을 택하는 경우가 있습니다.

③ 학원에 다니면 친구를 사귈 수 있습니다

④ 학원에서 수영을 배우면 몸이 건강해집니다.

③번과 ④번 입장은 문제를 잘못 이해한 것입니다. 학원과 공부와

의 관계를 물어보는 문제인데 공부와 상관없는 학원의 장점을 적었기 때문입니다. 문제에서는 '공부를 잘하려면'이라고 공부와 학원의 상관관계를 묻고 있는데, 이를 간과하고 학원의 일반적인 장점을 쓰고 있습니다.

이번에는 논증이 아니라 조금 더 편한 형태의 글쓰기 문제를 살펴보죠.

> 부모님이 해주신 음식 중에 가장 맛있었던 음식은 무엇이었나요? 그 음식이 특별히 맛있었던 이유는 무엇인가요?

자신의 과거 경험에서 소재를 끄집어내서 글을 쓰면 되는 문제입니다. 앞선 논증형 문제보다는 한결 쉽게 쓸 수 있을 텐데요. 이런 식으로 쓰면 좋은 답안이 될 겁니다.

① 내가 아팠을 때 아빠가 끓여준 죽이 맛있었어요. 아빠의 사랑이 느껴졌거든요.
② 엄마가 해주시는 케이크는 최고의 맛입니다. 내 생일 같은 특별

한 날에만 만들어주시거든요.

이런 문제에서도 헛다리 짚는 경우가 있습니다.

③ 지난 여름 서해에 놀러 가서 부모님과 먹었던 간장게장이 맛있
었어요. 그 날 날씨가 참 좋았거든요.

④ 가장 맛있게 먹은 음식은 여름에 친구와 실컷 뛰어놀고 와서
먹었던 빙수입니다. 정말 꿀맛이었어요.

③번 글은 부모님이라는 키워드까지는 일치했지만, 부모님이 '해
주신'이라는 조건을 무시한 것입니다. ④번 글은 '부모님이 해주신'
이라는 조건을 전부 생략하고, 자기가 먹은 가장 맛있는 음식을 썼
네요.

글쓰기를 통해 문제를 제대로 파악하는 능력을 기른다면 글쓰기
실력은 당연히 늘어날 겁니다. 그리고 학습능력, 특히 문해력을 기
를 수 있습니다.

글을 잘 쓰기 위해서는
정확한 근거를 찾아야 합니다

글쓰기는 기본적으로 주장과 근거로 이루어집니다. 이는 논증형 글쓰기뿐만 아니라 일반적인 일기나 감상문에서도 마찬가지입니다. 형태는 달라질 수 있지만 언제나 글은 중심 문장 + 뒷받침 문장으로 이루어집니다. 뒷받침 문장이 바로 근거에 해당합니다.

주장과 근거 사이의 논리적인 관계를 인식하고 발견하는 것은 문해력과 연결됩니다. 문해력이 무엇인가요? 문장과 문장으로 이루어진 글을 읽고 이해하는 능력인데, 주장과 근거 간의 논리적인 관계를 이해하는 것이 바로 문해력의 핵심입니다. 즉, 주장에 맞는 근거를 잘 찾아내고 이를 글로 풀어낼 수 있으면, 문해력이 충분하다고 볼 수 있습니다.

공부를 잘하려면 학원을 다녀야 할까요?
자신의 입장을 정하고, 그에 맞는 논거를 3개 이상 포함해서 써보세요.

논증형 글쓰기에서는 당연히 좋은 근거를 찾아서 써야 합니다. 아무리 좋은 주장도 이를 뒷받침하는 좋은 근거가 없으면 설득력이 떨어집니다. 글쓰기 훈련을 통해 주장에 맞는 근거를 찾는 연습을 할 수 있습니다.

부모님이 해주신 음식 중에 가장 맛있었던 음식은 무엇이었나요? 그 음식이 특별히 맛있었던 이유는 뭐였나요?

생활형 글쓰기에서도 정확한 근거를 찾아서 쓰는 훈련을 할 수 있습니다. 이처럼 글쓰기를 통해 우리는 공부에 필요한 여러 능력을 키울 수 있습니다. 글쓰기 훈련이 필요한 이유입니다.

글쓰기 실력을 키우는
좋은 방법

글쓰기 실력은 쓰면 쓸수록 늘어납니다. 연습과 훈련을 통해 글쓰기 실력을 올릴 수 있습니다. 예로부터 글을 잘 쓰는 방법으로는 다독多讀, 다작多作, 다상량多商量이 있다고 말했습니다. 이 중에서 다작은 글을 많이 써봐야 글쓰기 실력이 늘어난다는 것을 의미합니다. 글쓰기에서 다작이 얼마나 중요한지의 예로 저의 서울대 입시 이야기를 해보겠습니다.

서울대 법대 합격의 비법, 논술

제가 대학입시를 치를 때 서울대 입학전형은 내신, 수능, 논술, 면

접으로 구성되어 있었습니다. 저는 외고 출신이라서 서울대 법대에 지원한 다른 학생에 비해 상대적으로 내신이 좋지 않았는데, 내신의 불리함을 논술로 극복하고 합격한 케이스입니다. 수능과 면접에서는 큰 차별점을 갖기 어려웠으니 논술에서 승부가 갈렸다고 생각합니다.

그런데 저는 논술을 준비한다고 별도의 학원을 다닌 적이 없었습니다. 과외를 받지도 않았습니다. 그럼에도 불구하고 논술로 대학에 합격할 수 있었던 데에는 꾸준한 글쓰기가 도움이 되었다고 생각합니다. 고등학교 때 같은 반 친구들과 '논술 실력을 향상시키고 싶어하는 사람들의 모임'이라는 뜻의 '논향모'라는 모임을 했습니다. 같은 반 친구 5명이 만든 논술 스터디그룹이었습니다.

스터디그룹이라고 하면 거창할 것 같지만 사실은 소박한 모임이었습니다. 특별한 계기가 있어서 만들어진 스터디그룹은 아니었고 평소 친하게 지내던 몇몇이 한 번 해볼까 하면서 결성되었는데요. 1주일에 한편씩 글을 쓰고, 친구들끼리 돌려보며 첨삭을 하고 토론을 하는 모임이었습니다. 교재도 특별히 없었어요. 1주일에 한 번 한 명씩 돌아가며 주제를 정하고, 그 주제에 따라 글을 썼습니다. 배경자료 같은 것을 따로 준비해서 나눠주었더라면 더 좋았겠지만 보통은 주제만 제시하는 방식이었습니다.

주제를 받으면 각자 알아서 1,200자 분량으로 글을 썼습니다. 당시에는 논술이 대학입시에서 차지하는 비중이 컸었는데요. 주요대학은 내신+수능+면접+논술을 가지고 학생들을 선발했습니다. 논술시험에서 대체로 1,200자 내외의 글을 요구하였기 때문에 분량도 그에 맞추어 정했습니다. 이렇게 꾸준히 매주 1편씩 글을 쓴 것이 저의 논술 준비의 전부였습니다. 일주일에 1~2시간 글을 썼을 뿐인데 대학입시에서 좋은 결과를 낼 수 있었습니다. 좋은 학원, 좋은 과외 없이도 말입니다.

글은 써야 늘어요

글쓰기 연습을 꾸준히 해주면 논술 시험에서 80점까지는 가능합니다. 80점이라는 것은 대학 입시를 예로 들자면 논술 때문에 대학에 붙는다고 할 정도는 아니지만, 논술이 합격의 발목을 잡는 일은 생기지 않는 수준입니다. 글쓰기 실력을 키우는 가장 기본적인 방법은 계속해서 쓰는 것입니다.

대학에 와서 다른 사람의 글을 봐줄 기회가 있었습니다. 가만 보면 처음부터 글을 잘 쓰는 사람은 없었습니다. 아무리 공부를 잘하고, 말을 잘하는 사람도 글쓰기는 다른 문제였습니다. 그런데 신기하게도 글을 한 편, 두 편 쓸수록 조금씩 글이 좋아졌습니다. 특별히 글쓰기 강의를 듣거나 글쓰기만 붙잡고 있는 것이 아님에도 글을 쓸수록 글의 수준이 높아졌습니다.

아이들이 글쓰기를 어려워하는 이유는 간단합니다. 글을 쓰지 않기 때문에 어려워하고, 충분히 연습하지 않았기 때문에 두려워합니다. 글쓰기를 조금씩이라도 꾸준히 한 아이들은 글을 쓰는 것을 두려워하지 않습니다.

저는 여러 개의 글쓰기 온라인 모임을 운영하고 있는데, 처음에는 글쓰기를 싫어하거나 꺼려했던 아이들이 횟수가 늘어갈수록 쓰는 속도가 빨라지고, 글이 좋아졌습니다. 처음에는 반 페이지 정도 쓰는 것도 어려워했던 아이가 몇 달이 지나면 꽤 많은 양을 써 내려가는 것을 봅니다. 책 내용을 몇 줄 정도 쓰고, 자기 느낌을 한 줄 쓴 것을 독후감으로 내밀던 아이도 공책 한바닥을 가득 채워서 제출하는 모습을 보았습니다.

또한 문장의 길이가 길어지고, 좀 더 어렵고 복잡한 문장도 잘 쓰게 됩니다. "핑크공주는 핑크를 좋아했어요. 핑크색 옷만 입었어요."라고 쓰던 아이가 독후감을 꾸준히 쓰면서 "조선시대를 배경으로 하는 드라마를 보면 선비들은 갓을 쓰고 있다. 조선의 선비들은 갓에 달린 갓끈으로 멋을 부렸다고 한다."와 같이 긴 문장을 쓸 수 있게 되었습니다. 글을 꾸준히 그리고 규칙적으로 쓰면 글쓰기 부담은 줄어들고 아이는 글쓰기에 자신이 생깁니다.

그런데 아이들에게는 글쓰기의 절대적인 양이 부족합니다. 글쓰기를 고민하는 부모들은 논술학원이나 국어학원을 보내서 해결해 보려 하지만, 학원을 다닌다고 해도 글을 그렇게 많이 쓰지 않습니다. 수업 위주의 학원도 많은데, 글쓰기는 직접 써보는 것이 가장 중요합니다. 실제로 써본 사람과 안 써본 사람의 차이는 큽니다. 글쓰기를 고민하고 있다면 어떤 방법을 고민하기 전에 일단 쓰게 해야 합니다. 뭐라도 조금이라도 꾸준히 쓰는 것부터 시작해야 합니다.

글쓰기 실력이 빠르게 느는 비법
:첨삭과 토론

첨삭을 받아야 논리가 늘어요

앞서 고등학교 때 친구들과 같이 했던 논술 스터디가 대학입시에서 큰 도움이 되었다고 얘기했습니다. 이 스터디가 성공적으로 운영되었던 이유를 생각해보면 두 가지입니다. 하나는 첨삭이고, 다른 하나는 토론입니다.

첨삭은 1:1로 레슨을 받는 것과 같습니다. 세계적인 골프선수인 박세리 선수도 골프스윙을 교정할 때는 골프교습으로 유명한 데이비드 레드베터라는 코치에게서 가르침을 받았습니다. 자기가 보지 못하는 골프스윙의 문제점을 다른 사람으로부터 객관적으로 지적받고 고쳐나갔기 때문에 박세리 선수가 최고의 골프선수가 될 수 있었던 것입니다.

　글쓰기도 마찬가지입니다. 첨삭 없이 글만 쓰는 것은 크게 도움이 안 됩니다. 혼자서 쭉 써 내려가기만 하는 글은 일정 수준 이상 올라가기 힘듭니다. 첨삭을 받아야 내 논리의 허점을 알게 되고, 첨삭을 해봐야 다른 사람의 논리를 파헤칠 수 있게 됩니다. 첨삭에서 지적받지 않기 위해서 글을 쓸 때마다 논리를 신경 쓰게 되면서 실력이 늘어납니다.

　글이라는 것은 결국 누군가에게 내 생각을 전달하기 위한 것입니다. 독자를 염두에 두고 써야 하는데요. 글을 많이 써보지 않은 사람은 이런 사실을 잘 모르고 자기 생각대로만 글을 쓰는 경향이 있습니다. 이를 바로잡으려면 객관적인 시각에서 글의 문제점을 지적받는 과정이 필요합니다. 혼자서 글을 쓰고 완성하는 것보다 글을 쓴 뒤 누군가에게 첨삭을 받는다면 훨씬 좋은 글을 더 빨리 완성할 수 있습니다.

　저는 제 아이를 비롯해서 다른 사람의 글을 첨삭해본 경험이 많은 편인데, 그때마다 첨삭이 글쓰기 실력을 키우는 데 큰 힘이 된다는 것을 느낍니다. 아이가 직접 글을 쓰고 이를 외워서 발표하는 수행평가가 있었습니다. 처음에는 아이 스스로 자기가 말하고자 하는 바를 자기 생각대로 끝까지 한 번 쓰게 했습니다. 그렇게 쓴 글을 놓고 한 문장, 한 문장 같이 읽어가며 첨삭을 해줬습니다. 문법적으로 잘못된 부분은 없는지, 논리가 비약되는 곳은 없는지, 예시가 잘 맞는지 등을 지적하고 고치도록 했습니다.

전문적으로 국어공부를 하지 않은 평범한 부모도 이런 첨삭을 할 수 있습니다. 첨삭이 부담스럽다면, 아이가 쓴 글을 읽어보고 어색한 문장에 밑줄을 긋는 정도만 해도 좋습니다. '아빠가 보기에 이 문장이 좀 어색한데, 다시 한번 써보는 게 어때?'라고 해주는 것만으로도 충분합니다. 글을 쓰는 것은 어디까지나 아이의 몫이기 때문에 이 정도만으로도 아이는 좀 더 좋은 글을 쓸 수 있게 됩니다.

토론을 해야 순발력이 늘어요

토론을 하게 되면 순발력이 길러집니다. 사실 논술이라는 게 순발력 싸움이거든요. 어떤 주제가 던져졌을 때 짧은 시간에 구조를 짜고 글을 써야 하기 때문입니다. 시간을 두고 천천히 쓰는 글쓰기도 있지만 아이들에게 현실적으로 필요한 것은 짧은 시간 내에 쓰는 방식의 글쓰기입니다. 학교 수행평가도 그렇고, 대학 논술시험도 그렇습니다. 한정된 시간 안에 누가 더 좋은 글을 빨리 써내는지가 중요합니다. 아무리 좋은 글도 시간 내에 마무리하지 못하면 좋은 점수를 받기 힘듭니다.

그래서 글쓰기에서는 순발력이 절실합니다. 글의 주제와 제시문을 받아드는 순간 어떤 식으로 논리를 전개해서 어떻게 글을 써 내려갈지 머릿속에 파박하고 떠올려야 합니다. 이렇게 글의 개요를 잡는 동시에 자기의 생각을 뒷받침할 만한 논리와 예시를 짜내고 바로 써 내려가야 하는데요. 글씨 쓰는 속도가 특별히 빠른 사람이 아니라면 결국 승부는 생각의 순발력에서 좌우됩니다.

이런 순발력을 키우는 데 토론이 좋습니다. 말은 글보다 빠르기 때문입니다. 토론을 할 때는 상대방의 주장이 끝나면 바로 내 주장을 이어서 펼쳐야 합니다. 아니면 상대방의 주장을 바로 반박해줘야 합니다. 뜸 들일 시간 없이 반사적으로 말을 해야 합니다.

그래서 글을 쓰고나서 그 글을 가지고 꼭 토론을 해줘야 합니다. 토론을 하다 보면 상대방의 허점을 찾고 내 논리를 보강하는 두뇌 회전을 하게 됩니다. 이러한 과정을 통해 순발력이 늘어납니다. 생각 근육, 특히 생각의 순발력이 쑥쑥 자라납니다.

초등학생이 글쓰기를 하면서 첨삭과 토론을 하는 것은 쉽지 않은 일입니다. 아이들 머리가 덜 여물기도 했고, 첨삭을 잘해줄 사람을 만나거나 토론을 할만한 좋은 또래를 찾기도 어렵습니다. 그렇지만 초등학생일 때부터 항상 첨삭과 토론의 중요성을 염두에 두고 글쓰기를 이끌어줘야 합니다.

운이 좋아서 첨삭과 토론을 할 수 있는 환경에 있다면 적극적으로 활용해야 합니다. 학원을 고를 때나 아이를 집에서 가르칠 때도 이런 점을 염두에 두면서 이끌어주면 좋습니다.

토론할 수 있는 환경이 갖춰져도 처음에는 아이 스스로 토론에 참여하기 어렵습니다. 아이들을 여럿 모아놓고, '토론해 봐'라고 하면 제대로 토론할 수 있는 아이들이 별로 없습니다. 부모가 토론의 물꼬를 열어주면 좋습니다. 아이들이 다양한 생각을 할 수 있게 마중물 같은 질문을 아이에게 던져주는 것입니다.

아이가 글을 쓰면서 미처 생각하지 못했던 것, 논리적 비약이 있는 부분 등을 깨우칠 수 있게 여러 질문을 합니다. 아이 혼자 하기에 아직 실력이 부족하다고 느껴지면 부모가 조금씩 이끌어주는 것이 좋습니다.

"우와. 어떻게 이런 좋은 예시를 들었니? 다른 예가 더 없을까?"

"너는 동물실험에 반대하는구나. 아빠가 찬성하는 사람이라면 동

물실험의 장점에 대해 얘기할 것 같아. 동물실험이 사람에게 도움

이 되잖아. 어떻게 생각하니?"

초등학교 1학년의 첫 번째 난관은 받아쓰기입니다. 1학년 때는 시험이라 할만한 게 별로 없어서, 받아쓰기가 사실상 아이의 실력을 확인하는 유일한 시험입니다.

받아쓰기는 학교 시험으로서도 중요하지만 글쓰기의 시작이라는 점에서 더욱 중요합니다. 요즘은 받아쓰기를 하지 않는 곳도 있다고 하지만 받아쓰기가 저학년 국어공부의 기본이라는 점은 변함없습니다. 학교에서 안 하더라도 집에서 받아쓰기를 시키는 것은 필요합니다. 받아쓰기는 한글 공부인 동시에 쓰기 공부입니다. 본격적인 글쓰기의 시작입니다.

한글을 알면 받아쓰기는 당연히 되는 거 아니냐고 말하는 부모도 있습니다. 생각보다 받아쓰기를 준비하지 않고 학교에 보내는 집이 많은 것 같습니다. 아이의 말을 들어보면 한글을 못 뗀 아이도 있고, 받아쓰기를 잘하지 못하는 친구도 있다고 합니다. 받아쓰기라고 해서 너무 만만하게 보면 안 됩니다. 한글을 읽을 줄 아는 것과 쓰는 것은 다른 문제입니다. 집에서 받아쓰기를 챙겨줘야 합니다.

받아쓰기는 글의 기본이 되는 문장을 익히는 것입니다. 단어만으로도 뜻을 전달할 수 있지만 온전한 생각은 하나의 문장으로 완성됩니다. 한 문장을 잘 써야, 여러 문장을 쓸 수 있고, 이런 문장들이 모여서 글이 됩니다.

글쓰기의 시작이 받아쓰기라고 말하는 이유는 아이 스스로 문장을 만들기 어렵기 때문입니다. 올바른 문장을 쓰는 연습을 한 뒤에야 비로소 스스로 문장을 만들 수 있습니다. 그래서 받아쓰기를 가르칠 때 기본적인 문장에서 시작해서 점점 긴 문장으로 확대하는 것입니다.

받아쓰기 이렇게 가르쳐보세요

아이에게 받아쓰기를 가르칠 때 이러한 점을 염두에 두고 하면 좋습니다. 처음에는 간단한 문장, 주어와 동사로 이루어진 문장부터 시작합니다.

'나는 먹는다'에서 시작해 점점 문장의 길이를 늘려가는 방법입니다. '나는 과일을 먹는다', '나는 집에서 과일을 먹는다', '나는 집에서 엄마와 함께 과일을 먹는다' 이런 식으로 조금씩 긴 문장을 받아쓰게 합니다.

이렇게 하루에 몇 문장씩 받아쓰기 연습을 시켜줍니다. 하루에 5분에서 10분 정도면 충분합니다. 이 방법은 초등학교에 들어가기 전, 학교에서 받아쓰기 시험을 보기 전까지 집에서 받아쓰기를 가르칠 때 하면 좋습니다. 제 아이도 한글을 어느 정도 뗀 다음부터는 받아쓰기를 가르쳤습니다. 7세부터 하루에 5개씩 문장을 받아쓰게 했는데 곧잘 따라 했습니다.

어떤 문장을 받아쓰게 하면 좋을까요? 아이에게 익숙한 것부터 시작하는 것을 추천합니다. 받아쓰기도 한글 낱말을 처음 가르칠 때처럼 자기에게 익숙한 것부터 하면 아이가 빨리 배웁니다.

과일 중에서 귤을 좋아하는 아이라면 '나는 귤을 먹었다', 제주도에 놀러 간 적이 있다면 '우리 가족은 제주도에 놀러 갔는데, 거기서 귤을 먹었다'라고 받아쓰기를 해보는 것입니다. 아이가 좋아하는 것, 경험한 것과 연결지어서 받아쓰기를 시키면 아이가 받아쓰기를 재밌게 느낍니다.

초등학교에 입학한 다음에는 학교에서 시험 보는 방식에 맞춰 받아쓰기 공부를 시킵니다. 학기 초에 학교에서 받아쓰기 시험을 볼 문장을 미리 알려줍니다. 받아쓰기 급수표라고 하는데, 학교마다 다르지만 급수별로 난이도가 다른 문장들이 정리된 것을 줍니다. 학교에서 단계별로 받아쓰기 시험을 보기 때문에 시험보는 날짜에 맞춰 받아쓰기 급수표를 보고 지도하면 됩니다. 보통 일주일에 한 번 시험을 보고, 매주 급수를 올리는 방식으로 진행됩니다.

받아쓰기가 어려울 때는 보고 쓰기

정통적인 받아쓰기 공부법은 부모가 문제를 읽어주고 아이가 그걸 듣고 받아쓰는 것입니다. 실제로 학교에서도 이런 방식으로 시험을 봅니다. 그런데 이 방법은 잘하게 되기까지 시간이 오래 걸립니다. 맨땅에 헤딩하듯이 무턱대고 받아쓰기를 시키면 처음부터 불러준 문장을 모두 맞게 적는 아이는 별로 없습니다.

그런 경우 보고 쓰기를 시키면 좋습니다. 네모 칸으로 된 국어 노트에다가 그 주에 시험 볼 받아쓰기 문제를 똑같이 써보게 하는 것입니다. 제가 일이 많아서 바쁠 때는 이런 식으로 받아쓰기 공부를 하게 했습니다. 읽어주고 받아쓰는 방법과는 좀 다르지만, 보고 쓰기로도 좋은 효과를 기대할 수 있습니다. 하루에 한 번 쓰는데 10분 정도로 시간도 별로 안 걸립니다.

또한 보고 쓰기는 아이가 혼자서 할 수 있습니다. 받아쓰기의 정통적인 방법과는 거리가 멀지만, 어차피 시험문제가 공개된 상태에서 그 내용을 얼마나 습득했는지를 확인하는 방식의 시험에서는 유용한 방법입니다.

그리고 이 방법은 띄어쓰기와 문장부호를 배우는 데 좋습니다. 아이가 글을 쓸 때 제일 힘들어하는 건 띄어쓰기와 문장부호입니다. 읽는 건 줄줄 읽어나가는 데 쓰려고 하면 이 단어를 여기에 붙였다 저기에 붙였다 합니다. 어디서 어떻게 띄어야 하는지 감을 못 잡습니다. 받아쓰기에서 띄어쓰기는 큰 걸림돌이고, 문장부호도 헷갈려합니다. 학교에서 선생님이 나눠준 받아쓰기 문제에는 문장부호가 잘 표시되어 있지만 의식적으로 이를 연습하지 않으면 제대로 받아쓰기를 할 수 없습니다. 보고 쓰기를 하면 띄어쓰기와 문장부호를 익히는 데 도움이 됩니다.

아이가 여럿이라면

저는 아이가 둘이라서 두 아이가 서로 받아쓰기 문제를 내게 해봤습니다. 읽을 줄은 아는 둘째가 받아쓰기 시험을 봐야 하는 첫째에게 받아쓰기 문제를 불러주는 것입니다. 좀 더 큰 첫째가 둘째에게 문제를 내는 것도 가능합니다.

학교에서 나눠주는 받아쓰기 문제를 가지고 이렇게 하면 좋습니다. 학교에서는 선생님께서 한 문장씩 읽어주는 방식으로 받아쓰기를 하는데, 이를 집에서 똑같이 하는 것입니다.

아이들은 이런 활동을 재밌어합니다. 놀이처럼 느끼기도 하고, 자기가 선생님이 된 기분이라서 그런 것도 같습니다. 아이가 공부를 지루해하지 않게 이런저런 아이디어를 짜내서 시도해보세요.

글쓰기를 본받자
: 필사

아이들은 글쓰기를 부담스러워합니다. 처음부터 글을 술술 써나가는 아이는 드물죠. 독서는 곧잘 하는 아이도 독후감 쓰는 것은 힘들어합니다. 글쓰기를 하느니 차라리 독해 문제집을 풀겠다는 아이도 있습니다. 일기 쓰기 숙제를 처음으로 받아왔던 아이의 모습이 떠오르네요.

"아빠, 일기는 뭘 쓰면 돼?"
"오늘 있었던 일 중에서 재밌었던 것, 생각나는 것을 쓰면 돼."
"그런 거 없는데…."

학교에서 일기숙제를 내줄 때 그림일기부터 시작하는 이유가 있습니다. 그림이라도 그려야 글 쓰는 양이 줄어들고 글 쓰는 양이 적어야 아이들이 일단 시작이라도 해볼 수 테니까요. 선생님들은 아이들이 글쓰기에 느끼는 부담을 너무나 잘 알고 있습니다.

필사로 시작해보세요

글쓰기를 꺼려 하는 아이들에게 추천하고 싶은 활동은 필사입니다. 글쓰기 부담은 줄여주면서 자연스럽게 글쓰기를 익힐 수 있게 해주는 좋은 방법입니다. 필사는 문장을 보고 그대로 따라 쓰는 일입니다.

어떤 주제로 글을 써야 할지, 어떻게 첫 문장을 시작해야 할지 고민할 필요가 없이 그냥 문장을 읽고 쓰면 됩니다. 새로운 글을 써내는 것이 아니라 있는 글을 베끼는 것이라서 글을 읽을 줄 아는 아이라면 누구나 쉽게 할 수 있습니다.

필사를 하면 어떤 효과가 있을까요? 필사를 하면 문장을 정확하고 확실하게 습득할 수 있습니다. 우리는 보통 읽기나 듣기를 통해 문장을 익힙니다. 읽은 문장, 들은 문장을 소화해야 비로소 문장을 받아들일 수 있습니다. 필사는 눈으로 본 문장을 바로 쓰기 때문에 문장을 정확하게 배울 수 있습니다. 좋은 표현이나 아름다운 표현을 익히기에도 좋고 한 글자, 한 글자 따라쓰기 때문에 머릿속에 쏙쏙 들어갑니다. 문장력을 기르는 데에는 읽기나 듣기보다 필사가 더 효과가 좋습니다.

어떤 글을 필사할까요

필사를 할 때는 좋은 글을 필사하는 것이 중요합니다. 나쁜 글을 필사하면 나쁜 문장을 배우고 좋은 글을 필사해야 좋은 문장을 바르게 배우기 때문입니다. 따라서 필사를 하는 글은 어느 정도 검증된 글을 하는 것이 좋습니다. 모범이 될만한 글을 필사하는 것을 추천합니다.

모범이 되는 글에는 어떤 것이 있을까요? 간결하고 논리적인 문장을 익히는 데에는 신문기사를 권합니다. 신문기사는 사실과 의견을 간략하고 정확하게 요약해서 전달해줍니다. 주장하는 글이나 설득하는 글을 배울 때는 신문기사만큼 좋은 교재가 없습니다.

아이들에게는 아이들의 눈높이에 맞추어 쉽게 풀어쓴 기사를 싣는 어린이 신문이 필사하기에 적합합니다. 비슷한 취지에서 어린이 잡지도 좋습니다. 〈독서평설〉이나 〈어린이 과학동아〉와 같은 어린이 잡지를 필사하면 배경지식도 덤으로 얻을 수 있습니다.

필사의 재미를 느끼게 해주고 싶다면 동화책을 추천합니다. 베스트셀러도 좋지만 스테디셀러가 더 좋습니다. 스테디셀러는 많은 사람들이 오랫동안 좋아하고 아껴온 시간의 검증을 거친 책입니다. 잠깐의 유행이 아니라 그 내용과 문장으로 인정받았다고 볼 수 있습니다. 오랜 시간 사랑받아온 동화책을 필사하면 문장력도 좋아지고 감성도 풍부해집니다. 마음이 담긴 아름다운 문장을 필사하는 것은 아이 마음에 따뜻함을 불어넣어 줍니다.《푸른사자 와니니》에 나오는 이런 문장을 필사한다고 생각해보세요. 아이 마음속에 작은 감성이 싹트지 않을까요?

와니니, 난 초원으로 돌아갈 때를 맞이하고 있다. 분명히 알수 있어. 때가 되면 저절로 알게 되는 모양이야. 그래서 그때가 되면 다들 무리를 떠나지. 품위 있는 동물은 죽는 모습을 남에게 보이지 않는다. 그게 사자의 죽음이야.

- 《푸른사자 와니니 1》

초등학생에게 필사용 책으로 가장 추천하는 것은 교과서입니다. 교과서는 많은 선생님들과 집필진이 심혈을 기울여서 만든 좋은 책입니다. 학생이 알아야 할 내용을 엄선하고 다듬어서 내놓았기에 문장은 말할 것도 없습니다. 아이들에게 모범이 될만한 좋은 문장이 가득합니다.

교과서를 필사하면 학교 공부에도 도움이 됩니다. 그냥 대충 보고 넘어갈 교과서 내용을 한 문장, 한 문장 필사하는 동안 교과서를 제대로 이해할 수 있습니다. 부모 입장에서도 좋습니다. 필사를 할 책을 찾고, 정하는 것도 힘든 일이니까요.

필사, 어떻게 하면 좋을까요

필사를 처음 할 때는 절대 많은 양을 시켜서는 안됩니다. 아이가 질릴 수 있고, 기계적으로 그냥 옮겨적는 것에 그칠 수 있기 때문입니다. 학생일 때 '깜지'를 써본 적이 한 번쯤 있을 텐데요. 너무 많은 양을 쓰게 하면 필사가 공부가 아니라 벌칙이 되어버립니다. 고통스러운 작업이 되는 순간 필사의 효과는 사라집니다. 처음에는 한두 문단을 써보는 식으로 분량을 섬세하게 조절해줘야 합니다.

필사는 분량을 정해놓고 규칙적으로 하는 것이 좋습니다. 매일 한 문단 쓰기도 좋고, 평일에는 바쁘니까 주말에 교과서 한 페이지 쓰기를 하는 것도 좋은 방법입니다. 필사는 시간 단위보다 분량 단위 학습에 적합합니다. 분량을 정해놓고 필사를 하면 해야 할 양이 명확하기 때문에 아이의 부담이 줄어듭니다. 이만큼만 하면 된다는 것은 심리적으로 편안함을 줄 수 있습니다.

 필사를 마치고 난 다음에는 필사 노트를 재밌게 꾸며보는 것도 좋습니다. 다이어리 꾸미기가 유행인데, 필사를 하고 필사 노트를 꾸미면서 아이들이 꾸미기 놀이뿐 아니라 필사도 재밌게 느끼는 효과가 있습니다. 저학년이나 노트를 예쁘게 꾸미는 것을 좋아하는 아이에게는 이 방법을 권해봅니다.

글쓰기 연습에 좋은

: 일기 쓰기

일기 쓰기는 독후감과 더불어 초등학생들이 처음 접하는 글쓰기 중 하나입니다. 초등학생이 된 아이에게 선생님이 처음 내주는 숙제입니다. 그만큼 친숙하지만, 그만큼 싫어하기도 합니다. 일기 쓰기에 대한 아이들의 느낌은 어렵다기보다는 하기 싫다는 것에 더 가깝습니다.

아이들은 왜 일기 쓰기를 싫어할까요? 쓸 말이 없는데 뭔가를 써야 한다는 사실이 부담스럽기 때문입니다. 매일매일이 똑같은데, 어제랑 오늘 한 일이 다르지 않은데 뭘 써야 할지 모르겠다고 고민합니다. 그래서 일기 쓰기 숙제를 밀리고 밀리다가 마지막에 가서야 겨우 쓰는 모습을 자주 보게 됩니다. 사실 부모들도 어렸을 때 비슷한 경험이 있을 겁니다. 무언가를 써야 한다는 사실은 예나 지금이나 부담스러운 일입니다.

일기 쓰기는 자유롭죠

이렇게 부담스러운 일기 쓰기를 학교에서는 왜 일찍부터 시킬까요? 다른 숙제보다 일기 쓰기를 먼저 시키는 이유는 무엇일까요? 바로 아이들이 가장 쉽게 글쓰기 연습을 할 수 있는 방법이기 때문입니다.

생각해 보세요. 일기 쓰기는 어떠한 형태의 글쓰기든 다 가능합니다. 논설문이나 독후감은 일정한 형식을 요구하지만 일기 쓰기는 모든 형태의 글쓰기를 다 해볼 수 있습니다. 일기 쓰기에서는 기행문, 편지, 수필, 독후감, 논설문, 설명문 등등 다양한 글쓰기가 가능해서 형식에 대한 부담을 줄여줄 수 있습니다.

아이들은 일기 쓰는 것을 부담스러워하지만 일기야말로 가장 부담이 적은 글쓰기 방법입니다. 처음부터 글의 형식을 지켜가며 글을 쓰라고 하면 아이들이 잘 이해하지 못하고 글쓰기를 더 어려워하기 때문에 형식상 제한이 없는 일기 쓰기를 통해 글쓰기 연습을 시킨다고 보면 됩니다.

그럼에도 아이들이 글쓰기를 할 때 가지는 근본적인 부담은 여전히 남아있습니다. 따라서 집에서 일기 쓰기를 지도할 때는 형식이 자유로운 일기의 특징을 잘 고려해서 아이의 부담을 최소화하는 방향으로 이끌어줘야 합니다.

글쓰기 부담을 줄여주는 일기 쓰기 방법

그림일기처럼 말이죠. 학교에서 그림일기부터 시키는 이유는 아이들의 부담을 줄여주기 위함입니다. 아직은 문장을 만드는 것에 익숙지 않은 아이들을 위해 그림으로 상황을 묘사하게 하고, 문장을 조금만 쓰게 하는 겁니다. 논설문이나 편지글과 같이 형식이 있는 글에서는 그림을 활용하기 어렵지만 일기를 쓸 때는 가능합니다.

그림일기 이외에도 글쓰기 부담을 줄여줄 수 있는 일기 쓰기 방법은 여러 가지가 있습니다. 예를 들어 자기 생각이나 느낌을 쓰기 어려워하는 아이에게는 했던 일을 있는 그대로 써보라고 할 수 있습니다. 설명문을 쓰는 방법이죠. 일기라고 해서 꼭 교훈을 찾거나 아이의 생각을 적으라고 강요할 필요는 없습니다. 그렇게 하나씩 제한

하다 보면 아이는 일기 쓰기에서 점점 멀어져 버립니다. 있었던 일을 나열하는 수준의 일기가 부모의 기대에는 못 미칠 수 있지만, 이런 글쓰기부터 조금씩 연습해나가는 것이 중요합니다.

일기 쓸 소재가 없다고 고민하는 아이에게는 재밌게 본 애니메이션이나 영화에 대해 쓰라고 할 수 있습니다. 아이들은 자기가 좋아하는 것에 대해서는 몇 시간이고 떠들 수 있잖아요. 그런 점을 잘 활용하면 아이도 신나게 일기를 씁니다.

애니메이션에 나오는 인물 중 아이가 가장 맘에 들어하는 캐릭터에게 편지를 쓰라고 해보는 것도 좋은 방법입니다. 편지글의 형태라면 아이가 애니메이션 속 주인공에게 말을 거는 것처럼 좀 더 편하게 쓸 수 있을 겁니다.

동생과 싸우고 토라진 아이에게는 동생이나 엄마아빠한테 하고 싶은 말을 그대로 일기에 쓰라고 할 수도 있습니다. 왜 싸웠는지 같은 것을 쓰는 것이 아니라 지금 느끼는 감정을 그대로 한번 써보라고 하는 거죠. 이런 일기는 아이의 감정을 솔직히 드러나게 한다는 점에서 아이의 감정 관리에도 도움이 됩니다. 다양한 방법으로 일기 쓰기를 지도해주세요. 매일매일 하기에 참 좋은 글쓰기 연습입니다.

논리적 글쓰기로 가는 징검다리
: 독후감

독후감에는 두 가지 활동이 결합되어 있습니다. 독서와 쓰기입니다. 독후감을 쓰려면 당연하게도 책을 읽어야 하기 때문에 독서도 하고, 글쓰기도 하는 일석이조의 효과를 누릴 수 있습니다.

독후감은 책을 적극적으로 읽는 방법이 될 수 있습니다. 그냥 책을 읽으라고 하면 책을 제대로 안 읽거나 건성건성 읽는 경우가 흔합니다. '책을 읽었는데 왜 내용을 몰라?' 하는 경우가 있잖아요. 그래서 독서 퀴즈를 풀거나 책을 읽은 후 그림을 그리거나 하는 독후 활동이 중요합니다.

이런 독후 활동은 실질적으로 집에서 하기 어렵습니다. 독서 퀴즈를 해서 책을 제대로 읽었는지 확인하고 싶어도 마땅한 퀴즈를 구하기가 쉽지 않습니다. 독서토론학원을 굳이 보내는 이유이기도 합니다.

하지만 독후감은 별도의 준비가 필요하지 않습니다. 책을 읽고 독후감을 쓰게 하는 것은 분명 쉬운 일은 아니지만 부모가 독후 활동을 준비해야 하는 부담이 없습니다. 책 내용을 파악해야 독후감을 쓸 수 있으니까 아이는 대충 책을 읽을 수 없고, 부모에게는 특별한 노력을 요하지 않는다는 점에서 독후감은 참 좋은 독후 활동입니다.

독후감의 기본은 줄거리 쓰고 감상 적기

독후감 쓰는 방법은 여러 가지입니다. 가장 간단한 것은 줄거리를 요약해서 쓰고, 그에 대한 느낌을 쓰는 것입니다. 처음 독후감을 쓰는 아이들이 책 내용을 쭉 쓴 다음에 끝에다가 참 감동적이었다, 재미있었다 정도로 한 줄만 쓰는 경우를 종종 봅니다. 이런 식으로 하면 아무래도 글쓰기 훈련이 잘 안 되겠죠. 글쓰기는 자기 생각을 출력하는 것인데, 자기 생각이 너무 적습니다.

그래서 책 내용을 요약하는 것은 전체 분량의 절반 이하 정도로 쓰라고 정해주는 것이 좋습니다. 물론 처음에야 책 내용만으로 가득 채우더라도 이해해줘야겠지만, 점점 책 내용보다는 자기 생각을 더 많이 쓰도록 유도해줘야 합니다. 1~2학년 때는 줄거리가 감상보다 많아도 괜찮지만, 3학년 정도부터는 줄거리보다 느낀 점을 더 많이 쓰게 하는 것이 좋습니다.

독후감으로 논리적 글쓰기

감상만 쓰는 독후감에 익숙해지면 논리적 글쓰기, 즉 논설문 단계로 넘어가야 합니다. 논설문은 주장과 주장을 뒷받침하는 근거를 담은 글쓰기를 말합니다. 아이들에게 논설문을 써보라고 하면 많이 힘들어합니다. 사실이나 감상을 쓰는 것은 어떻게 해내는데 주장과 논거를 써야 하는 글쓰기는 좀 버거워합니다.

이런 아이에게 시키면 좋은 것이 독후감 쓰기입니다. 독후감은 감상과 논리 사이에 위치한 글쓰기입니다. 어렸을 때는 줄거리를 요약하고, 느낀 점만 쓰면 되지만 학년이 올라갈수록 독후감에서도 논리적인 글쓰기를 해야 합니다. 책에서 어떤 점을 배웠고, 이에 대한 본인의 생각을 적는 독후감은 논설문과 유사합니다. 독후감 쓰기를 지도할 때는 이런 점에 유의하면서 이끌어주면 좋습니다.

논리적인 독후감은 비문학책을 가지고 하면 좀 더 수월합니다. 《1+1이 공짜가 아니라고?》라는 책을 예로 들어보죠. 이 책은 경제에 관한 비문학 도서인데, 생활 속 사례를 바탕으로 경제개념을 설명하는 책입니다.

논리적 독후감을 쓰는 첫 번째 단계는 '책 내용을 주장 및 논거로 요약하기'입니다. 《1+1이 공짜가 아니라고?》에서는 이런 방식으로 쓸 수 있습니다.

> 회사는 물건을 더 많이 팔기 위해 쿠폰을 발행합니다. 쿠폰으로 할인 혜택을 주거나 어떤 상품 또는 서비스를 무료로 제공하는데, 사람들은 그런 혜택을 받기 위해 쿠폰이 있는 물건을 사게 됩니다.

먼저 책 내용을 주장 및 논거로 요약한 뒤에는 자기의 생각을 마찬가지로 주장 및 논거의 형태로 쓰면 됩니다.

이러한 쿠폰은 공짜가 아닙니다. 쿠폰이 있는 물건을 사면 공짜로 물건을 얻거나 서비스를 받는다고 생각할 수 있지만, 물건값에 이런 비용까지 포함되어 있는 경우가 많기 때문입니다.

이를 좀 더 체계적으로 하려면 아래와 같은 양식의 독후감노트를 주는 것도 좋은 방법입니다.

책제목		글쓴이
1+1이 공짜가 아니라고?		이정주
책의 주장	회사는 물건을 더 많이 팔기 위해 쿠폰을 발행합니다.	
책의 논거	쿠폰으로 할인 혜택을 주거나 어떤 상품 또는 서비스를 무료로 제공합니다.	
	사람들은 그런 혜택을 받기 위해 쿠폰이 있는 물건을 사게 됩니다.	
나의 주장	이러한 쿠폰은 공짜가 아닙니다.	
나의 논거	쿠폰이 있는 물건을 사면 공짜로 물건을 얻거나 서비스를 받는다고 생각할 수 있지만, 물건값에 이런 비용까지 포함되어 있는 경우가 많기 때문입니다.	

독후감 쓰는 또 다른 방법

그 외에도 독후감 쓰는 방법은 다양합니다. 아이들에게 독후감을 시켜보았을 때 비교적 수월하게 받아들이는 것은 편지쓰기입니다. 주인공에게 말을 걸고, 대화하듯이 편지를 쓰는 것은 문학책을 읽을 때 하기 좋은 독후감 형식입니다.

마인드맵 방식을 활용하는 것도 좋습니다. 독후감을 쓰려면 내용을 제대로 이해하고 정리하는 것이 필요한데 마인드맵 방식의 독후감이 이를 도와줍니다. 마인드맵 독후감은 앞서 설명한 논리적 독후

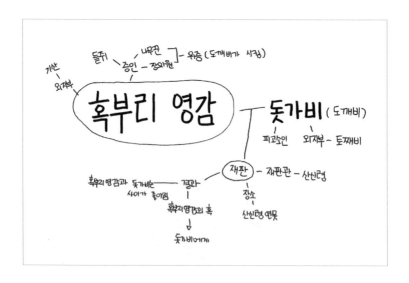

감 쓰기의 전 단계로서 해보면 좋습니다. 책의 내용을 정확히 파악하는 데 도움이 될 수 있습니다.

초등학생이라면 적어도 일주일에 1권 책을 읽는 것이 좋다는 이야기를 했습니다. 그러면 독후감도 마찬가지로 적어도 일주일에 1편은 써야 합니다. 일주일에 1편 이상 글쓰기를 하면 좋은데 독후감을 쓰면 일석이조의 효과를 얻을 수 있습니다.

읽은 책 모두 독후감을 다 써야 하는 것은 아니지만, 적어도 일주일에 1편 정도는 독후감을 써줘야 쓰기를 훈련할 수 있습니다. 너무 띄엄띄엄 쓰면 훈련의 의미가 없어집니다.

솔직히 얘기해보면 제가 학교 다닐 때는 글쓰기가 그렇게 중요하지 않았습니다. 학교 내신은 필기와 실기로 이루어졌는데, 실기는 어차피 거기서 거기였고 필기는 시험을 보는 것이었습니다. 학교에서 그동안 배운 것을 평가하는 지필고사가 내신의 전부였습니다.

글쓰기는 대학입시에서 논술 시험을 보는 경우에만 중요했습니다. 게다가 특차제도가 있어서 논술을 피해 가는 방법도 충분히 있었습니다. 주변에서 논술이 두려워 수능 점수만으로 대학을 갈 수 있는 특차제도로 대학에 진학한 친구도 흔하게 볼 수 있었습니다.

그런데 지금 우리 아이들의 학교 내신에서는 글쓰기가 매우 큰 비중을 차지합니다. 수행평가 때문입니다. 내신에서 수행평가가 큰 점수를 차지하는데, 수행평가에서는 글쓰기가 매우 중요합니다.

신 중의 신은 내신, 내신의 상당 부분은 수행평가

먼저 수행평가에 대해 살펴볼까요. 학생이 수행한 것을 바탕으로 그 수준에 따라 점수를 매기는 방법입니다. 일률적인 시험을 통해 학생의 성취를 평가하는 것이 아니라 과제를 수행해나가는 과정과 결과를 아울러 평가하는 방법입니다. 초등학생 자녀를 키우고 있는 분이라면 이미 수행평가를 경험해보셨을 텐데요.

제 아이를 보니 수행평가로 관찰 보고서, 방문/답사 보고서 같은 것이 나왔습니다. PPT로 자료를 정리해서 발표도 하고, 영상을 만들기도 했습니다. 이처럼 다양한 방법으로 수행평가를 하기 때문에 아이들에게는 큰 부담이 됩니다. 학원에서 모두 관리해주기도 어려워서 부모의 적극적인 노력이 필요합니다.

그런데 중학교, 고등학교에 올라가면 수행평가의 중요성은 더욱 커집니다. 고입 또는 대입을 준비하는 과정에서 내신성적이 중요한데, 수행평가가 내신에서 차지하는 비중이 높기 때문입니다. 고등학생 학부모 사이에서는 '신 중의 신은 내신'이라는 말이 있습니다. 내신을 잡지 못하면 좋은 대학에 가기 어렵다는 의미입니다.

부모들이 수험생이었을 때도 내신은 중요했지만, 지금은 더 중요해졌습니다. 정시보다 내신이 중요한 수시로 학생을 뽑는 비율이 높은 현재 대학입시제도에서 내신을 무시하고 대학에 가려는 것은 총을 안 들고 전쟁에 나가는 것과 같습니다.

수행평가가 내신성적을 좌우합니다. 중·고등학교에서는 서술형 수행평가를 최대 50%까지 실시할 수 있습니다. 수행평가를 무시하는 것은 내신을 무시하는 것입니다. 그런데 수행평가는 해야 할 것이 많아 아이들이 부담스러워할 수밖에 없습니다. 전통적인 방식의 지필고사보다 수행평가가 더 힘들다는 이야기도 많이 들립니다.

수행평가는 지필고사처럼 기간을 정해놓고 차근차근 시험공부를 하는 방식으로는 대응하기 어렵습니다. 게다가 수시로 실시하므로 그때그때 준비해야 하는데, 정답이 명확하게 있는 것도 아니어서 미리 준비하기도 어렵습니다.

더욱 어려운 것은 수행평가에서는 쓰는 능력을 요구한다는 점입니다. 종전의 시험 방식에서는 읽고 이해하고 암기하는 능력이 중요했다면 수행평가에서는 쓰는 능력이 필수입니다. 수행평가에는 여러 가지 유형이 있습니다. 서술형, 논술형, 구술시험, 관찰, 연구보고서, 실기시험 등등 다양한 방법으로 나오는데 대부분 글쓰기를 바탕으로 이루어집니다.

집에서 차분히 시간을 가지고 할 수 있는 것도 아니어서 글쓰기를 못하면 수행평가에서 곤란을 겪게 됩니다. 정해진 시간 안에 글을 써야 하기에 빠른 시간 내에 완료하지 못하면 수행평가에서 좋은 점수를 받기 어려운 형편입니다.

글쓰기 고민이 커지는 수행평가

실제로 초등 고학년 자녀를 둔 부모들이 중학교 진학을 염두에 두었을 때 가장 고민하는 부분이 바로 수행평가와 글쓰기입니다. 아이가 일기도, 독후감도 잘 못 쓰는데 중학교에 가면 글쓰기가 필수라는 이야기를 여기저기서 듣기 때문입니다.

초등 국어공부법에 대해 상담을 하면 꼭 나오는 질문 중 하나가 논술학원을 보내야 하는지입니다. 논술학원을 보내서 논술을 잘 쓰게 하려는 목적도 있겠지만 근원적으로는 글쓰기 연습을 시키고 싶다는 뜻입니다. 집에서 글쓰기를 어떻게 가르쳐야 할지 모르기 때문에 학원이라도 보내려고 하는 것입니다.

중학교부터 본격적으로 어려워지고 중요해지는 수행평가, 어려서부터 글쓰기를 꾸준히 하면 충분히 대비할 수 있습니다. 글쓰기는 단기간에 실력이 늘지 않아 중학교에 들어간 뒤에야 부랴부랴 수행평가를 위한 글쓰기를 해서는 좋은 평가를 받기 어렵습니다.

서술형 수능이 뭐예요

대학입시는 자주 바뀝니다. 2022년 기준 중1 자녀를 둔 학부모들은 서술형 수능에 대해 한 번쯤 들어봤을 겁니다. 2009년생이 고3이 되는 2028년부터 새로운 형태의 수능시험을 도입하려는데, 그중 하나가 서술형 수능입니다. 교육부에서는 2028년부터 새로운 대입제도를 도입하는 것을 목표로 현재 연구·검토 중에 있습니다.

구체적인 내용은 2024년에 발표한다고 하는데, 현재까지 나온 얘기로는 서술형 수능 도입 여부가 문제되고 있습니다. 2009년 이후에 태어난 학생의 부모라면 관심을 기울여야 하는 내용입니다. 아직 확정된 것은 아니지만 서술형 수능이 도입된 이후에 준비해서는 늦기 때문에 지금부터 관심은 가지고 있어야 합니다.

📚 서술형 수능이란

현재의 수능시험은 객관식과 일부 주관식 문제로 구성되어 있습니다. 주관식 문제라고 하지만 서술형은 아니고, 수학문제의 답을 OMR 카드에 직접 기입하는 방식입니다. 이런 주관식 문제는 소위 말하는 '찍기'를 방지하기 위한 것입니다.

서술형 수능은 문제의 답을 학생이 직접 문장으로 쓰고, 이를 채점하는 방식의 시험을 말합니다. 현재 중·고등학교 내신 시험에서는 이런 방식의 문제가 출제되고 있습니다. 학생이 내용을 제대로 알고 있는지, 문제에서 묻는 바를 정확하게 답변할 수 있는지를 살펴보기 위한 시험방식입니다.

서술형 수능은 왜 도입하려 하는 것일까요? 천편일률적인 현재의 수능시험으로는 학생의 역량을 정확히 판단하는데 부족하다고 보기 때문입니다. 학생 개개인의 능력을 보다 확실하게 평가하려면 서술형 문제를 도입할 필요가 있다는 것입니다.

서술형 수능이라고 해서 구체적으로 어떤 방식으로 시험이 출제되고 채점할지는 아직 알 수 없습니다. 국영수와 같은 주요 과목에 도입이 될지, 그 외의 과목에서만 할지, 서술형이라고 했을 때 몇 줄이나 써야 하는 건지, 논술과는 어떻게 다른지도 아직 모릅니다. 서술형 문제의 채점 방식이나 공정성의 문제는 어떻게 다룰 것인지도 마찬가지입니다.

어떻게 대비해야 할까요? 현재로서는 서술형 수능의 구체적인 모습이 드러나지 않았기 때문에 대응방법이 마땅하지는 않습니다. 이럴 때일수록 막연한 뜬소문에 흔들리지 말고 중심을 잘 세워야 합니다. 대입제도의 큰 흐름이 기존의 객관식 수능에서 다양한 방법으로 변하고 있다는 점을 인지하고 기본을 다잡는 것이 중요합니다.

여기서 기본이란 무엇일까요? 어차피 중·고등 내신, 수행평가 등을 생각하면 글쓰기를 소홀히 할 수는 없습니다. 그리고 서술형 수능이 어떤 방식으로 나오든 글쓰기라는 틀을 벗어나기는 어렵습니다. 그렇다면 우리는 글쓰기의 기본으로 돌아가 아이들에게 한 줄이라도 더 써보게 하고, 한 줄이라도 더 고민해볼 수 있게 이끌어줘야 합니다. 공부하고 생각한 것을 문장으로 정리하고, 풀어내는 연습을 시켜줘야 합니다. 그것이 우리가 할 수 있는 기본입니다.

많이 고민하고 써보는 것이 글쓰기의 핵심

글쓰기는 많이 해봐야 합니다. 많이 고민하고 많이 써보는 것이 글쓰기 공부의 왕도입니다. 그런데 글쓰기를 학원에 다니지 않고 집에서 하는 경우 부모님이 글쓰기 주제를 적절하게 제시하는 것은 쉽지 않습니다. 한 편, 두 편은 어떻게 해볼 수 있지만 글쓰기를 많이 해봐야 하는 측면에서는 부모님의 아이디어에는 한계가 있을 수밖에 없기 때문이죠.

이럴 때 글쓰기 연습을 할 수 있는 책을 잘 고르면 수월하게 글쓰기 훈련을 시킬 수 있습니다. 글쓰기 소재를 제시해주는 책이 요즘에는 많이 나와 있거든요. 부모님은 아이에게 이 책을 가지고 글쓰기를 하라고 숙제를 내주고, 잘 썼는지만 나중에 확인하시면 됩니다.

물론 좋은 글쓰기 학원에 보내는 것만큼의 효과를 기대하기는 어렵지만, 좋은 글쓰기 학원을 찾는 것은 너무나 어렵기 때문에 차라리 책의 도움을 받아서 부모가 직접 지도하는 것이 더 효과적일 수 있습니다.

글쓰기 실력을 키우기 좋은 책

어린이를 위한 초등 매일 글쓰기의 힘 : 자유 글쓰기
| 상상아카데미, 이은경

초등교사 교사였던 이은경 선생님이 직접 뽑은 60개의 글감을 가지고 아이가 1편씩 글을 써볼 수 있는 책입니다. 이 책은 2페이지가 한 회로 구성되어 있는데요. 한쪽에 글감에 대한 소개가 나와있고, 다른 쪽에는 실제로 써볼 수 있는 여백이 있습니다.

무엇보다 이 책이 좋은 것은 이은경 선생님이 각 글감마다 글쓰기 강의 동영상을 준비해놓았다는 것입니다. 각 편마다 4분 안팎의 동영상 60개가 유튜브를 통해 제공되기 때문에 본격적으로 글쓰기에 앞서 이 동영상을 보며 어떻게 글을 쓰면 좋을지 배울 수 있습니다. 집에서 아이에게 글을 쓰라고 숙제만 주면, 아이가 난감해하는 경우가 많은데 이런 동영상 강의를 통해 아이의 부담을 조금 줄여줄 수 있습니다.

60편의 글을 쓸 수 있기 때문에 자유롭게 스케줄을 짤 수 있습니다. 저는 일주일에 2편, 주말에 글을 쓰는 스케줄을 짜서 아이에게 시켜보았습니다. 30주가 걸리는 긴 일정이었지만 매주 2편의 글을 쓰는 과정에서 아이의 글쓰기 실력이 쑥쑥 늘어나는 것을 볼 수 있었답니다. 방학에는 일주일에 5일, 주말을 제외하고 평일에 하루 1편씩 쓰게 한다면 좀 더 압축적으로 빠른 시간에 글쓰기를 익힐 수 있을 것 같습니다.

《어린이를 위한 초등 매일 글쓰기의 힘》은 시리즈입니다. 자유글쓰기가 덜 엄격한 글쓰기라면 논술 쓰기는 좀 더 형식이 있습니다. 그래서 자유글쓰기를 한 다음에 논술 쓰기로 넘어가는 방법을 추천합니다.

휘리릭 초등 4문장 글쓰기 | 유시나, 동양북스

《휘리릭 초등 4문장 글쓰기》는 시리즈로 되어있는데요. 고사성어, 탈무드 등이 있습니다. 이 책은 구성이 재미있습니다. '고사성어 편'을 예로 들자면 먼저 고사성어를 설명하는 글이 있고 '결초보은'이 어떤 뜻인지를 보여주는 글이 나옵니다.

이렇게 고사성어를 설명한 후에는 '결초보은'을 설명할 수 있는 핵심문장을 따라 쓰게 합니다. '결초보은'에서는 "그대에게 은혜를 갚기 위해 풀을 묶었소이다."라는 문장을 따라 쓰게 했네요. 이것이 첫 번째 문장입니다.

그다음에는 질문을 던지면서 3개의 문장을 쓰도록 유도합니다. 질문을 통해 답을 유도하고, 이를 글로 쓰도록 하는 겁니다. 마지막에는 이 4개의 문장을 엮어서 한 문단짜리 글을 쓰도록 합니다. 책 제목부터 초등 4문장 글쓰기잖아요. 하나의 고사성어를 가지고 4개의 문장을 만들고, 이를 하나의 문단으로 완성하는 글쓰기입니다. 고사성어도 배우고, 차근차근 단계를 밟아서 글 쓰는 훈련을 하는 그런 일석이조의 글쓰기 책입니다.

EBS 참 쉬운 글쓰기 | 편집부, 한국교육방송공사

EBS에서 글쓰기 교재도 냈습니다. 《EBS 참 쉬운 글쓰기》는 총 3권의 시리즈로 되어있는데요. 1권은 초등 1~2학년을 위한 것으로 따라 쓰는 글쓰기, 2권은 초등 3~6학년 대상의 문법에 맞는 글쓰기, 3권은 초등 3~6학년 대상으로 하는 목적에 맞는 글쓰기입니다. 아이의 학년과 글쓰기를 가르치는 목적에 따라 적절하게 선택하면 좋을 교재입니다.

《EBS 참 쉬운 글쓰기》는 정말 아이의 눈높이에서 쉽게 쓸 수 있게 되어있는데요. 저는 그중에서 《EBS 참 쉬운 글쓰기》 3권인 목적에 맞는 글쓰기를 추천해봅니다. 이 책은 크게 3부분으로 나누어져 있습니다. 마음을 표현하는 글쓰기, 경험을 나타내는 글쓰기, 생각을 정리하는 글쓰기입니다. 편지, 일기, 생활문, 독서 감상문, 설명문, 발표문 등 여러 가지 형태의 글쓰기를 하나씩 하나씩 배울 수 있는 구성입니다.

5장

매일 조금씩
쌓이는
어휘

국어도 어휘 공부가
필요해요

　요즘 주위의 부모들과 국어에 대한 얘기를 나누다 보면 느끼는 것이 있는데요. 바로 국어 어휘의 중요성입니다. 아이들에게 문해력과 독해력을 어떻게 키워줄 것인가를 고민하다 보면 어휘로 답이 귀결됩니다. 국어 실력이 부족한 아이들을 살펴보면 어휘 부족이 발목을 잡는 경우를 종종 봅니다.

　초등학교 3학년 과학 교과서에 나오는 글을 보면 '차지'라는 단어가 나옵니다. 이 단어를 알아야 교과서에 나오는 글을 이해할 수 있습니다. 공간을 차지한다는 말을 들어본 적이 없거나 그 뜻을 정확히 모르는 아이는 학교 공부가 어려울 수밖에 없습니다.

> 나무 막대나 물처럼 공기도 공간을 차지합니다. 공기를 넣어
> 서 사용하는 여행용 공기 침대나 풍선 미끄럼틀은 공기가 공
> 간을 차지하는 성질을 이용한 것입니다.
>
> - 초등학교 3학년 과학 교과서

단어를 모르는데, 문장을 어떻게 읽고, 글을 어떻게 이해할 수 있을까요? 책을 안 읽는 것도 문제인데, 책을 읽어도 어휘를 몰라서 책 내용을 잘 이해하지 못하는 경우가 많습니다. 책을 읽을 때 모르는 어휘가 나오면 흐름이 끊기고, 책의 내용이 이해가 되지 않으니 책이 읽기 싫어지는 악순환이 반복됩니다.

아이들이 국어 어휘를 왜 이렇게 모를까요? 어휘는 많이 접하고, 많이 써봐야 느는 것인데 국어 어휘는 많이 접하는 것부터가 부족합니다. 영어 어휘는 그 중요성을 인지하고 따로 단어 외우는 것을 당연하게 생각하지만 국어 어휘는 '한국말인데 왜 그걸 몰라' 하면서 방치하는 경우가 흔합니다. 국어는 반대로 책을 읽지 않고 국어 단어도 따로 외우지 않습니다.

부모 세대보다 아이 세대가 영어는 더 많이 접하지만 국어는 더

적게 접합니다. 부모의 '나 때는 국어 단어 같은 건 따로 보지도 않았어'라는 주장은 이해하지만, 아이들에게는 해당되지 않는 말입니다. 요즘은 글이나 책보다 영상으로 정보를 습득하는 일이 많기 때문에 다양한 어휘를 많이 접하는 경험이 줄어들었습니다. 책을 안 읽는 것을 넘어 글자 자체를 안 보는 경우가 늘었습니다. 우스갯소리로 아이들이 읽는 글은 유튜브 동영상에 나오는 자막뿐이라는 이야기도 있습니다.

어휘를 몰라 글을 못 읽는 아이들

어휘를 알아야 책을 읽을 때 진도가 쭉쭉 나가고 책 내용을 잘 파악할 수 있습니다. 어휘를 모른다는 것은 걷는데 자꾸 발에 뭐가 걸리는 것과 같습니다. 막힘없이 걸으려면 길을 평평하게 만드는 작업이 선행되어야 합니다. 어휘 때문에 글을 읽다 막히는 일이 없도록 해줘야 합니다.

원래 어휘는 독서를 통해 자연스럽게 습득해야 한다는 주장이 있습니다. 맞는 말입니다. 그 사실 자체를 부정할 생각은 없습니다. 원래 모국어에서 어휘는 어렴풋하게 느낌으로만 알다가 자주 접하면서 의미를 제대로 알게 되고, 그 용법을 이해하게 되는 법입니다.

문제는 요즘 애들은 책을 별로 안 읽는다는 점입니다. 독서량이 부족하니 어휘를 자연스럽게 익힐 수가 없습니다. 닭이 먼저냐, 달걀이 먼저냐의 문제인데 책을 안 읽으니 어휘가 부족하고, 어휘가 부족하니 책을 잘 안 읽게 되는 악순환의 고리에 빠집니다.

이 고리를 끊어주기 위해서라도 국어 어휘를 따로 공부해야 합니다. 어휘를 핑계로 국어를 멀리하는 일이 없도록 해줘야 합니다. 국어 어휘를 따로 공부하는 방법으로는 어휘 문제집 풀기, 짧은 글짓기 하기, 속담과 고사성어 공부하기 등이 있습니다. 이제부터 하나씩 이야기해보겠습니다.

짧은 글짓기의
힘

어휘를 공부할 때, 공부한 어휘가 들어간 짧은 글짓기를 시켜주세요. 그저 어휘의 뜻을 외우는 것만으로는 충분하지 않습니다. 어휘 공부를 효과적으로 하는 방법은 그 어휘가 들어간 문장을 아이가 직접 만들어보는 것입니다. 실제로 어휘가 어떻게 쓰이는지를 아이가 깨달아야 하거든요.

그래서 저는 아이들을 가르칠 때 짧은 문장을 직접 만들어보는 연습을 꼭 시키고 있습니다. 새로 익힌 어휘를 가지고 짧은 글짓기를 하면 아이가 그 어휘를 완전히 자기 것으로 소화할 수 있습니다. 고사성어를 배울 때도 마찬가지입니다.

견마지로 (犬馬之勞)	자신의 수고로움을 겸손하게 이르는 말. 견마는 개나 말로, 자기의 겸칭

이건 고사성어를 가르치기 위해 제가 만든 자료입니다. 고사성어의 한자와 뜻을 볼 수 있게 적어주고 밑의 빈칸에 고사성어를 이용하여 짧은 글짓기를 하도록 만들었습니다.

견마지로 (犬馬之勞)	자신의 수고로움을 겸손하게 이르는 말. 견마는 개나 말로, 자기의 겸칭
	너 진짜 열심히 일하는구나. 견마지로를 다할 뿐입니다.

실제로 문장을 만들어보지 않고 그냥 어휘와 뜻을 외우기만 한다면 어휘 실력은 절대 늘지 않습니다. 아이들이 어려워하는 고사성어를 공부할 때 고사성어를 그냥 뜻만 아는 것과 이렇게 직접 예문을 써보는 것의 효과는 천지 차이입니다.

아이들에게 어휘 공부를 시킬 때 이렇게 짧은 글짓기를 같이 하는 것을 추천드립니다. 어휘 문제집 푸는 것도 물론 좋지만 짧은 글짓기를 꼭 같이 해보세요.

아이들이 만든 문장을 보면 그 어휘의 뜻과 용법을 제대로 모르는 경우가 많다는 것을 확인할 수 있습니다. "그거 뜻 다 알아" 하고 투덜대는 아이에게 문장을 만들어보라고 하면 제대로 못 쓰는 일이 흔합니다. 짧은 글짓기는 대강 아는 어휘를 제대로 알게 할 수 있는 좋은 공부법입니다. 아이들은 귀찮아하겠지만 이렇게 모르는 어휘를 하나씩 짚어주고 넘어가야 나중에 어휘 때문에 고생하는 일이 줄어듭니다.

독해 문제집 풀 때도 짧은 글짓기를 해보세요

어휘 문제집 공부뿐만 아니라 독해 문제집을 공부할 때도 모르는 어휘를 찾고 짧은 글짓기를 시키면 좋습니다. 독해 문제집에 있는 지문을 공부할 때 모르는 어휘가 몇개씩 나올 텐데요. 문제집을 풀면서 모르는 어휘를 표시해두었다가 나중에 모르는 어휘를 따로 정리하는 것입니다. 이때 어휘의 뜻을 찾아서 쓰고, 그 어휘로 짧은 글짓기까지 하게 하면 금상첨화입니다. 독해 문제집을 공부하면서 어휘까지 익힐 수 있는 좋은 방법입니다.

근래 : 가까운 요즈음

⇨ 근래 이민을 간 친구가 있어 슬프다

저는 독해 문제집을 풀 때 아이에게 하루에 5개씩 모르는 어휘를 찾아 뜻을 적고 문장을 만들도록 시키고 있습니다. 너무 많으면 싫어하는 것 같아서 5개만 시킵니다. 하루에 몇 개씩이라도 이렇게 공부하면 두고두고 효자 노릇을 합니다.

독해 문제집에서 찾은 모르는 단어로 짧은 문장 짓기를 할 때, 혼자 문장 만들기를 어려워한다면 지문에 있는 문장을 그대로 베껴 쓰는 방법도 추천할만 합니다. 일종의 필사인데요. 독해 지문은 좋은 글을 가려 뽑은 것이기 때문에 훌륭한 예문이라 할 수 있습니다. 아이가 짧은 글짓기를 힘들어한다면 이렇게 그 단어가 들어간 문장을 베껴 써서라도 정확한 용법을 익히도록 해주는 것이 좋습니다.

속담과 고사성어는 안 배우면
정말 몰라요

국어 어휘를 공부할 때 속담과 고사성어는 따로 공부를 해줘야 합니다. 그걸 따로 공부까지 해야 하냐고요? 속담같은 건 그냥 다 아는 거 아니냐고요? 아닙니다. 요즘 애들은 속담이나 고사성어를 잘 모릅니다. '식은 죽 먹기'라는 속담의 뜻을 아이들이 모르는 것을 보고 놀란 적이 있습니다. "그런데 왜 따뜻한 죽을 안 먹어? 가난한 사람이야?"라고 묻더군요. 속담의 뜻을 아는 우리는 '하기 쉬운 일'이라는 의미를 떠올리지만 이 속담을 처음 보는 아이들은 따뜻한 죽을 못 먹을 만큼 불쌍한 사람을 나타내는 말로 받아들일 수도 있습니다.

시대와 배경이 달라졌어요

속담과 고사성어는 만들어질 당시의 시대상을 반영합니다. 그 당시 사람들에게는 절묘한 비유, 촌철살인의 문구였을 겁니다. 찰떡같은 비유라고 다들 감탄했겠죠? 그러니까 지금까지도 남아있는 것이고요.

워드프로세서나 엑셀 프로그램의 저장 아이콘은 디스켓 모양입니다. 부모 세대는 디스켓 모양이 왜 저장의 아이콘이 되었는지 다 압니다. 그런데 지금 아이들은 디스켓을 본 적이 없습니다. 그런 애들에게는 저장을 의미하는 아이콘을 알려줘야 합니다. 직관적으로 애들이 이해하기를 기대하면 안 됩니다.

대신에 요즘 아이들은 스마트폰이나 패드를 잘 씁니다. 어른들은 처음 스마트폰이나 패드를 받아들면 공부를 해야 하는데, 아이들은 그냥 잘 씁니다. 그 애들에게는 스마트폰이나 패드가 일상이기 때문입니다.

이렇게 시대가 달라졌기 때문에 아이들이 속담과 고사성어를 바로 이해하지 못하는 것은 너무 당연합니다. '낫 놓고 기역 자도 모른다'라는 속담이 있잖아요. 낫이 뭔지를 아는 사람에게는 참 알기 쉽고, 잘 만든 속담이지만 요즘 애들은 '낫'이 뭔지 잘 모릅니다. 농사도 기계로 짓는데 낫을 본 적이나 있을까 싶습니다. 요즘도 낫 놓고 기역 자도 모른다는 속담이 쓰이니까 아이에게 낫 사진을 보여주면서 'ㄱ'과 비교하는 방식으로 가르쳐줘야 합니다.

중국의 역사를 배경으로 하는 고사성어는 더 심합니다. 조선 시대에는 한자로 된 책을 읽고, 중국사를 줄줄 외우는 것이 양반의 교양이었지만 지금은 한국사도 제대로 모르는 아이들이 많은 시대입니다. 중국 역사나 중국 소설(삼국지 등)을 읽으면 고사성어를 이해하기 쉬운데, 그런 책을 읽는 아이들이 별로 없습니다.

고사성어를 잘 알기 위해 따로 중국사를 공부할 수는 없는 노릇이니 고사성어만큼은 공부를 해줘야 합니다. 일상생활에서 접하는 것만으로는 따라가기 쉽지 않습니다.

속담과 고사성어를 배울 수 있는 교재가 요즘 많이 나와 있습니다. 만화를 통해 속담이나 고사성어의 의미를 보다 쉽게 이해할 수 있게 도와주는 책도 있고, 고사성어나 속담이 만들어진 배경을 잘 설명해주는 책도 있습니다. 아이가 잘 이해하고, 재밌어하는 책을 선택하면 됩니다. 이런 책을 활용해서 틈틈이 고사성어나 속담을 배운다면 국어 어휘 실력이 탄탄해질 겁니다.

한자가 아니라
한자어

우리말의 상당 부분은 한자로 되어있습니다. 오랜 시간 동안 한자 문화권에 속해있기 때문입니다. 교과서에 나오는 어휘도 마찬가지 입니다. 중요한 용어는 대부분 한자입니다. 수학도 그렇고, 사회나 과학도 마찬가지입니다. 초등학교 5학년 교과서만 봐도 짧은 한 문 단에 한자로 된 말이 얼마나 많이 들어있는지 확인할 수 있습니다.

헌법은 모든 국민이 존중받고 행복한 삶을 살아가는데 필요 한 내용을 담고 있다. 또한 헌법에는 대한민국 국민이 누려야 할 권리와 지켜야 할 의무가 나타나 있다. 그리고 국민의 권

우리나라에서 공부를 할 때 한자를 피하기는 어렵습니다. 그래서 많은 부모님들이 한자 공부를 어떻게 시켜야 할지 고민합니다. 한자 급수시험을 준비하는 경우도 있고, 집에서 책으로 공부를 시키기도 합니다. 제 아이가 다니는 초등학교에서도 전교생에게 한자 공부를 따로 시키더라고요.

한자가 이렇게 국어공부, 나아가 일반적인 학습에서 중요하다는 것을 부정하기는 힘듭니다. 그건 모두가 인정합니다. 그러나 한자 공부를 어떻게 할 것인지에 대해서는 의견이 좀 나뉩니다. 저는 한자가 아니라 한자어를 공부해야 한다고 생각합니다.

한자를 공부한다는 것은 한 획, 한 획 한자를 공부한다는 의미입니다. 한자가 어떻게 이루어졌는지, 부수는 무엇이고, 어떻게 만들어졌는지 등을 공부한다는 뜻입니다. 한자를 읽을 줄 알고, 쓸 줄도 알고, 옥편에서 찾을 줄도 알아야 한다는 말입니다. 전통적인 의미의 한자 공부가 이런 방식이었습니다.

반면에 한자어를 공부한다는 것은 한 글자, 한 글자가 아니라 한자들로 이루어진 어휘를 공부한다는 의미입니다. 한자급수시험을 준비할 필요는 없습니다. 새로운 어휘를 만났을 때 그 어휘가 어떤 한자로 이루어졌는지 정도만 파악하는 방식입니다. 한자를 읽거나 쓸 줄은 모르지만, 어떤 어휘를 보았을 때 각각의 글자의 의미를 파악할 수 있는 수준을 말합니다.

학교를 예로 들어보죠. 한자를 공부하는 것은 學과 校라는 한자를 읽고 쓸 수 있도록 하는 것입니다. 한자급수시험을 준비한다고 생각하면 될 것 같습니다. 한자어를 공부하는 것은 '학교'라는 말이 공부하는 곳이라는 의미임을 아는 것입니다. 여기서 쓰인 '학'자가 '학생', '학습' 등에서도 쓰인다는 것을 배운다는 의미입니다.

이렇게 한자가 아니라 한자어를 공부하는 것은 효율적인 어휘 공부를 하기 위함입니다. 한자를 하나하나 읽고 쓰는 것은 시간이 많이 걸립니다. 어휘를 기초부터 단단히 할 수 있는 좋은 방법이지만 많은 시간과 노력을 들여야 합니다. 한자급수시험을 준비시켜 보면 아시겠지만, 꽤나 힘듭니다.

한자어를 공부하는 것은 상대적으로 노력이 적게 들어갑니다. 한자어 공부도 만만치 않지만 한자 공부보다는 쉽습니다. 한자어 공부는 적은 노력으로 더 많은 것을 얻을 수 있습니다.

한자를 모르고, 한자어만 안다고 해도 국어공부를 하는 데 충분합니다. 학교를 한자로 쓸 줄 몰라도 학교라는 한자어가 공부하는 곳이라는 뜻만 파악할 수 있으면 국어공부를 하는 데 큰 지장이 없습니다. 이 정도만 해도 충분합니다.

요즘은 한자를 직접 쓰는 책은 별로 없습니다. 제가 대학을 다닐 때만 해도 법학 서적은 한자투성이에 조사 정도만 한글로 표기했습니다. 그러던 것이 점점 한자가 사라지더니 요즘에는 동음이의어나 중요한 개념일 경우에만 한자를 표시하고 있습니다. 전문서적도 이러한데 우리 아이들이 공부하는 교과서나 문제집, 일반 서적의 경우에는 말할 것도 없습니다.

책에서 한자를 표시하지 않으니까 한자를 읽고 쓰는 법을 배우지 않아도 괜찮습니다. 한자어의 의미를 파악하고, 같은 한자가 쓰인 다른 어휘를 공부하는 정도만 해줘도 충분합니다. 사실 이것만 하기에도 공부시간은 부족합니다.

종이로 된 국어사전을
써보세요

어휘 공부를 할 때 사전을 빼먹을 수는 없습니다. 책을 읽어서 단어를 습득할 수도 있고, 어휘 문제집을 통해 단어를 익힐 수도 있습니다. 그렇지만 국어사전이야말로 어휘를 익히는 가장 좋은 방법입니다.

고등학교 때 제 책상에는 검정색 두꺼운 국어사전이 항상 올려져 있었습니다. 같은 반 누구도 그런 학생이 없었는데 저만 사전을 늘 갖고 있었습니다. 그리고 수시로 사전으로 단어를 찾고, 사전으로 국어를 공부했습니다. 이렇게 사전을 열심히 봤기 때문에 국어만큼은 늘 자신 있었습니다. 요새는 초등학교에서도 국어사전을 찾아보는 수업을 합니다. 그만큼 국어에서 사전은 참 중요한 학습 도구입니다.

　사전을 보면 단어의 정확한 뜻을 확인할 수 있습니다. 단어의 뜻을 대강은 알고 있지만 그 정확한 의미를 확인하는 것은 다른 문제입니다. 감으로, 경험으로 어설프게 알고 있는 단어의 뜻을 사전에서 확인함으로써 그 단어를 온전히 제 것으로 만들 수 있습니다.

　그리고 한 단어에 여러 개의 뜻이 담겨있는 경우가 있는데, 사전을 보면 그 미묘한 차이를 습득할 수 있습니다. 저는 아이가 단어의 뜻을 물어올 때 같이 사전을 찾아보자고 말했습니다. 아이들이 좀 큰 다음에는 사전을 직접 찾아보라고 했습니다. 부모가 말해주는 것보다 사전에서 더 많은 것을 정확하게 찾을 수 있기 때문입니다.

　또한 사전에서는 단어의 예문도 확인할 수 있습니다. 사실 이런 예문이 단어의 뜻보다 더 중요합니다. 단어가 어떤 문맥에서 어떠한 방식으로 쓰이는지를 알 수 있기 때문입니다. 같은 단어라도 글에 따라, 문장에 따라 그 쓰임새가 달라지는데 이런 차이를 잘 알아야 독해를 잘 할 수 있습니다.

　사전에는 여러 좋은 글에서 찾아낸 아름답고 훌륭한 예문들이 가득 들어 있으니 단어의 뜻을 찾을 때 뜻만 보지 말고 예문까지 같이 확인해주는 것이 좋습니다.

예를 들어볼까요?《동아 연세 초등국어사전》을 찾아보면 '다니다'라는 단어의 뜻으로 5가지가 나와있습니다.

다니다

1. 근무하거나 학생이 되어 있다.

2. 되풀이하여 드나들다

3. 지나가고 지나오고 하다

4. 왔다 갔다 하다

5. 들르다

같은 '다니다'라는 말이지만 그 의미가 조금씩 다름을 알 수 있습니다. 단어의 뜻을 하나만 알고 있다면 다른 의미로 쓰였을 때 무슨 말인지 잘 이해를 못하게 됩니다. '다니다'를 사전에서 찾아봄으로써 이런 차이를 쉽게 받아들일 수 있습니다. 각각의 뜻을 보다 잘 확인할 수 있는 예문도 사전에서 볼 수 있는데, 이런 예문까지 함께 읽으면 단어가 머릿속에 더 확실히 자리 잡습니다.

1. 동생 경수는 유치원에 다닙니다

2. 난 아침마다 약수터에 다닙니다

3. 이 길은 자전거만 다니게 되어 있습니다

4. 나는 일요일마다 북한산으로 등산을 다녔다

5. 민수는 아버지를 따라서 할머니 댁에 다니러 온 것입니다

요즘은 인터넷으로도 사전을 찾아볼 수 있습니다. 네이버나 다음과 같은 포털사이트에서는 사전 서비스를 제공하고 있습니다. 아이들은 두꺼운 사전을 찾기보다는 인터넷에서 검색하는 것을 선호하는 것 같습니다.

그렇지만 국어사전은 종이로 된 사전을 보는 것을 추천합니다. 영어 단어를 찾을 때는 찾은 단어의 발음을 바로 들을 수 있는 인터넷 사전도 좋다고 생각하지만 국어 단어를 찾아볼 때는 종이사전이 더 좋습니다.

종이사전을 추천하는 첫 번째 이유는 수고를 들일수록 단어가 더 오래 기억되기 때문입니다. 이런 말이 있습니다. easy come, easy go. 쉽게 얻은 것은 쉽게 사라집니다. 아무리 좋은 강의를 들어도

그냥 수동적으로 듣기만 해서는 기억에 잘 안 남는 것과 같은 이치입니다.

떠먹여준 것은 오래가지 못합니다. 내가 스스로 생각하고 찾아보고 한 것들이 기억에 더 잘 남습니다. 단어 공부에서도 마찬가지입니다. 인터넷 사전은 단어를 치면 바로 뜻이 나와 이용하기가 너무 쉽습니다.

반면에 종이사전은 좀 번거롭습니다. 사전을 꺼내고 단어를 찾아서 페이지를 여러 번 넘겨야 합니다. 딱 한 번에 내가 원하는 단어를 찾을 수 없습니다. 이렇게 수고를 들여가며 찾은 단어는 기억에 오래 남습니다. 힘들게 찾았기 때문에 우리 뇌는 중요한 것으로 인식합니다. 종이사전에서 단어를 찾는 과정까지도 공부입니다.

종이사전을 권장하는 두 번째 이유는 단어를 찾는 과정에서 다른 단어도 익힐 수 있다는 점입니다. 종이사전에서 원하는 단어를 찾는 데까지 여러 번 페이지를 넘겨야 하는데 그러다가 한두 단어씩 얻어걸릴 때가 있습니다. 찾고자 하는 단어의 위아래로 있는 다른 단어까지 기억에 남는 경우입니다.

이런 부수적인 효과를 인터넷 사전에서는 기대하기 어렵습니다. 원하는 단어만 바로 찾아내는 효율성은 인터넷 사전이 좋지만, 단어의 확장성에서는 종이사전이 더 좋습니다.

어휘 문제집 추천

국어공부를 할 때 독해 문제집을 풀고 독서를 하는 것도 좋은데 그와 별개로 어휘 문제집을 하나쯤 병행하는 것이 필요합니다. 적어도 단어 뜻을 몰라서 헤매지 않게 말입니다. 어휘를 자연스럽게 익히기 어렵기 때문에 어휘 문제집으로 어휘를 따로 공부해야 한다는 얘기입니다. 영어단어장을 보듯이, 국어에서도 어휘만 따로 공부해주는 것이 필요한 요즘입니다.

실제로 어휘 문제집을 풀릴 때는 독해 문제집과 번갈아 가면서 풀어보면 좋습니다. 독해 문제집을 끝내고 어휘 문제집을 풀리면 조금 다른 측면에서 국어공부를 하는 것이라서 지루함을 덜 수 있습니다. 독해 문제집은 연달아서 풀어도 좋은데, 어휘 문제집은 간격을 두고 풀게 하는 것을 추천합니다.

📚 국어공부의 지루함을 달래주는 어휘 문제집

EBS 어휘가 독해다

편집부, 한국교육방송공사

어휘 문제집으로 어떤 것이 좋을까요? 저는 EBS에서 나온 《EBS 어휘가 독해다》

시리즈를 가장 먼저 추천합니다. 여러 좋은 어휘 문제집의 기본이 될 만하기 때문입니다. 원래 EBS 교재는 기본에 충실하고, 이걸 선택하면 후회는 하지 않는다는 평가를 받습니다. 어휘에서도 마찬가지입니다.

《EBS 어휘가 독해다》의 가장 큰 장점은 교과서를 중심으로 어휘를 선정했다는 점입니다. 공부의 기본은 교과서를 제대로 이해하는 것인데, 사실 교과서에 나오는 어휘도 만만치 않습니다. 본격적으로 사회, 과학 과목이 시작되면 교과서에 있는 어휘를 이해하지 못하는 경우도 흔하게 일어납니다. 초등학교 3학년부터 아이들이 학교 공부에 조금씩 어려움을 겪는데 사회, 과학 과목이 본격적으로 시작되면서 어휘가 어려워지기 때문입니다.

이 책은 교과서에서 가려 뽑은 어휘를 기준으로 문제집을 만들었기에 매우 효율적입니다. 꼭 필요한 어휘를 먼저 공부하도록 이끈다는 점에서 그렇습니다. 수준에 맞지 않는, 지금 바로 필요하지 않은 어휘를 공부하는 것은 비효율적입니다. 또한 《EBS 어휘가 독해다》는 1~2학년, 3~4학년, 5~6학년으로 구분되어 있어서 자기의 학년에 맞게 선택할 수 있습니다. 단계적으로 교과서에 나오는 어휘를 습득할 수 있는 좋은 교재입니다.

또 다른 장점은 무료 강의를 들을 수 있다는 점입니다. 어휘를 하나하나 부모가 설명해주는 것은 너무 힘든 일인데, 무료 강의가 있어 도움이 됩니다. EBS 초등 홈페이지에 들어가면 학년별로 1~2학년은 22강이고, 3~4학년과 5~6학년은 각각 30강의 강의를 들을 수 있습니다.

뿌리깊은 초등국어 독해력 어휘편

마더텅, 마더텅 편집부

하나를 더 추천하자면《뿌리깊은 초등국어 독해력 어휘편》도 좋습니다. 이 문제집은 특이하게도 어휘를 어휘로만 공부하는 것이 아니라 어휘를 지문에 녹여 놓았습니다. 사자성어, 관용어, 속담을 지문에 넣었기 때문에 지문을 읽으면서 자연스럽게 사자성어 등이 실제로 어떻게 쓰이는지를 배울 수 있습니다. 실제로 어휘가 어떻게 쓰이는지를 아는 것이 중요한데 이 문제집은 지문 속에 사자성어, 관용어, 속담을 자연스럽게 어우러지게 해놓아서 좋습니다. 별도의 강의를 들을 수는 없지만 지문이 있어서 지문을 읽는 것만으로도 어휘에 대한 이해를 높일 수 있는 장점이 있습니다.

《뿌리깊은 초등국어 독해력 어휘편》은 총 6단계로 구성되어 있습니다. 1~2학년 2단계, 3~4학년 2단계, 5~6학년 2단계입니다. 학년에 따라 나누어서 볼 수 있는데, 위아래 한두 단계 정도는 융통성을 가지고 학년에 상관없이 보는 것도 추천할만합니다. 아이마다 국어 어휘 수준이 다르기 때문입니다.

초등 국어 어휘력 테스트

초등 국어 어휘 테스트입니다. 초등 국어 실력을 확인하기 위해 만들었습니다. 어휘실력만 확인할 수 있어도 국어 실력을 짐작할 수 있습니다. 문제는 주어진 단어의 뜻을 직접 적어보는 방식입니다. 자기가 정확히 알아야 뜻을 적을 수 있잖아요. 아이들에게 풀게 하고, 부모님이 채점해 보시면 아이의 어휘 수준을 파악할 수 있습니다. 총 50문제입니다.

📚 1~20 : 초3~초4 수준

1	태평하다	
2	잔망	
3	애틋하다	
4	고상하다	
5	메스껍다	
6	심통	
7	독창성	
8	본받다	
9	해박하다	
10	토론	
11	글썽이다	

12	냉대하다	
13	매립하다	
14	건의하다	
15	급제	
16	분단	
17	희소성	
18	교류	
19	고령화	
20	표결	

21~40 : 초5~초6 수준

21	매캐하다	
22	미간	
23	업신여기다	
24	아양	
25	역력하다	
26	착잡하다	
27	엄포	
28	돈독하다	
29	소외	
30	청아하다	
31	투박하다	
32	성글다	
33	흥건하다	

34	선회하다	
35	잰걸음	
36	출몰	
37	훼손하다	
38	채취하다	
39	강점기	
40	공출	

📚 41~50 : 중1 수준

41	추진력	
42	산란	
43	함유하다	
44	표제	
45	폄하하다	
46	통념	
47	소요되다	
48	구천	
49	두엄	
50	품삯	

1	태평하다	마음에 아무 걱정이 없다
2	잔망	얄밉도록 맹랑함
3	애틋하다	섭섭하고 안타까워 애가 타는 듯하다
4	고상하다	행동, 취미 등의 수준이 높고 품위가 있다
5	메스껍다	토할 것처럼 속이 몹시 울렁거리는 느낌이 있다
6	심통	무엇을 좋게 생각하지 않는 못된 마음
7	독창성	다른 것을 모방하지 않고 새로운 것을 만들어내는 성질
8	본받다	보고 배워서 그대로 따라 하다
9	해박하다	여러 방면으로 학식이 넓고 아는 것이 많다
10	토론	어떤 문제에 대하여 여러 사람이 옳고 그름을 따지며 논의함
11	글썽이다	눈에 눈물이 곧 흘러내릴 것처럼 가득 고이다
12	냉대하다	정 없이 차갑게 대하다
13	매립하다	낮은 지대의 땅이나 저수지, 바다 등을 돌이나 흙 등으로 메우다
14	건의하다	어떤 문제에 대하여 의견이나 바라는 사항을 정식으로 제시하다
15	급제	과거 시험에 합격함
16	분단	본래 하나였던 것이 둘 이상으로 나뉘어짐
17	희소성	매우 드물고 적은 성질이나 상태
18	교류	문화나 사상 등이 오고감

19	고령화	한 사회에서 노인의 인구 비율이 높은 상태로 나타나는 일
20	표결	투표를 해서 결정함
21	매캐하다	연기나 곰팡이 등의 냄새가 코를 찌르는 듯이 맵다
22	미간	두 눈썹의 사이
23	업신여기다	남을 낮추어 보거나 하찮게 여기다
24	아양	다른 사람에게 잘 보이거나 귀여움을 받으려고 하는 애교 있는 말 또는 행동
25	역력하다	자취·낌새·기억 따위가 환히 알 수 있게 또렷하다
26	착잡하다	마음이 복잡하고 어수선하다
27	엄포	실속 없이 괜히 큰소리로 남을 위협함
28	돈독하다	믿음, 의리, 인정 등이 깊다
29	소외	어떤 무리에서 꺼리며 따돌리거나 멀리함
30	청아하다	작은 흠도 없이 맑고 아름답다
31	투박하다	생김새가 초라하며 둔하고 튼튼하기만 하다
32	성글다	비슷한 것들 여러 개의 사이가 좁지 않고 조금 떨어져 있다
33	흥건하다	물 따위가 푹 잠기거나 고일 정도로 많다
34	선회하다	둘레를 빙글빙글 돌다
35	잰걸음	보폭이 짧고 빠른 걸음
36	출몰	어떤 현상이나 대상이 나타났다 사라졌다 함
37	훼손하다	헐거나 깨뜨려 못 쓰게 만들다

38	채취하다	풀, 나무, 광석 따위를 찾아 베거나 캐거나 하여 얻어 내다
39	강점기	남의 물건, 영토, 권리 따위를 강제로 차지한 시기
40	공출	국민이 국가의 요구에 따라 물자나 식량 등을 의무적으로 내어놓음
41	추진력	물체를 밀어 앞으로 내보내는 힘
42	산란	알을 낳음
43	함유하다	물질이 어떤 성분을 포함하고 있다
44	표제	신문이나 잡지 기사의 제목
45	폄하하다	가치를 깍아내리다
46	통념	널리 통하는 개념
47	소요되다	필요로 하거나 요구되다
48	구천	땅 속 깊은 밑바닥
49	두엄	풀, 짚 또는 가축의 똥과 오줌 등을 썩힌 거름
50	품삯	일을 한 대가로 주거나 받는 돈이나 물건

6장

전문가의 도움이 필요할 때는 학원

국어공부라고 하면 학원부터 떠올리는 분들이 많습니다. 요즘에는 초등학생 대상으로 하는 국어학원도 조금씩 생기고 있지만, 초등학교 수준에서는 독서논술학원이 대부분입니다. 내신이나 수능을 대비한 독서논술학원보다는 책을 읽히고 글을 쓰게 하려는 부모가 많기 때문입니다. 뭉뚱그려서 독서논술학원이라고 얘기하지만 세부적으로 들어가면 또 여러 가지 형태로 나누어집니다.

독서에 중점을 둔 곳도 있고, 논술이나 토론에 중점을 둔 곳도 있습니다. 독서와 논술, 토론 중 어느 하나만 하는 곳은 없지만 가장 장점으로 내세우는 것은 조금씩 다릅니다. 학원에서 하는 것도 있고, 학습지처럼 방문해서 하는 곳도 있습니다. 독서논술학원에 대해 문의를 하시는 분들이 많아서 한 번 정리해봅니다.

1학년인데 독서논술 해야 할까요

1학년이 독서논술학원을 다닌다고 해서 해가 되는 수업은 아닙니다 다만 언제나 시간과 비용, 효과성을 나눠서 봐야하겠죠. 그런 측면에서 저학년 때는 굳이 독서논술학원을 별도로 보낼 필요는 없다고 봅니다. 독서논술학원은 읽고 토론하고 쓰는 활동을 하는데 이런 활동은 어느정도 두뇌가 성장한 후에 효과를 볼 수 있습니다.

이런 학원은 독후 활동을 지도해주는 것이 장점인데, 독후 활동을 제대로 소화하려면 아이가 어느 정도는 자라줘야 합니다. 그래서 어렸을 때는 다양한 분야의 책을 읽으면서 독서습관을 잡는 것이 더욱 중요합니다. 책을 많이 읽어주고, 책을 많이 읽게 하는 것에 초점을 맞추는 것이 좋은 시기입니다. 저희 아이 같은 경우는 첫째는 4학년에 독서논술학원에 보냈고, 둘째는 아직 안 보내고 있습니다.

책을 너무 안 읽어요, 독서논술 보내면 낫지 않을까요

저학년이라도 이런 경우는 보내는 게 나을 수 있습니다. 독서는 정말 중요한데, 집에서 아무리 책을 읽혀보려고 해도 안 읽는 경우

강제성 부여 차원에서 책을 읽게 하는 효과를 볼 수 있거든요. 집에서 책을 잘 읽는 아이라면 독서논술학원을 보내지 않아도 크게 걱정할 일이 없겠지만 안 읽는 아이라면 사교육의 힘을 빌리는 것도 방법이 될 수 있습니다.

보통 독서논술학원은 일주일에 한 권 정도 책을 읽게 합니다. (학원마다 다를 수 있으니 확인하세요) 한 권 읽고 토론하고 글 쓰고 이런 훈련을 하는 거니까 일 년이면 50여 권을 읽을 수 있겠죠. 책을 읽게 할 목적으로 독서논술학원을 보낸다면 당연하게도 독서에 중점을 둔 학원을 보내는 것이 좋습니다.

1주일에 1권은 기본이고, 관련된 책을 더 읽게 하는 학원이 있습니다. 과제로 독서를 더 내주는 학원도 있고, 학원에서 책을 빌려주는 곳도 있습니다. 최소한 관련된 추천도서 목록이라도 제시해주는 학원이어야 합니다. 책을 많이 읽게 하려는 목적으로 보내는 학원이니 책을 더 많이 읽을 수 있게 도와주는 학원을 골라야 합니다.

어떤 학원이 좋은가요

커리큘럼과 어떤 책으로 수업하는지를 확인해보세요. 책의 수준, 진도 등을 보면 학원의 수준을 볼 수 있습니다. 또한 책을 읽게 할 목적으로 독서논술학원을 찾는 경우, 도서목록을 꼭 확인해야 합니다. 너무나 좋은 책이지만 부모가 보기에만 좋은 책일 수 있습니다. 부모가 보기에 좋은 책은 교과 연계 도서나 뭔가 얻을 것이 있어 보이는 책을 말합니다.

이런 책의 장점을 보고 부모는 그 학원에 보내겠지만, 단점 또한 뚜렷합니다. 바로 책이 재미없다는 것입니다. 책을 안 좋아해서, 안 읽어서 학원에 보내는데 학원의 지정도서가 재미없는 책이면 아이들은 책을 더 멀리하게 됩니다. 유명한 학원이라고 다 좋은 것은 아닙니다. 독서논술학원에서 읽게 하는 책이 재밌고, 내 아이에게 잘 맞아야 좋은 효과를 기대할 수 있습니다.

얼마나 보내야 하나요

독서논술은 절대 단시간에 성과를 볼 수 없습니다. 한 달 보냈는데 글쓰기가 확 늘고 그런 일은 절대 없습니다. 인내를 갖고 꾸준히 보내야 하고, 조급한 마음에 몇 달 하다 결과가 눈에 보이지 않는다고 관둘 거면 아예 안 하는 게 낫습니다. 적어도 6개월 이상, 길게는 몇 년을 꾸준하게 보내야 효과를 볼 수 있습니다. 독서논술은 아이의 생각주머니를 키우는 훈련이라고 보시면 좋을 것 같습니다.

주머니를 채우는 것은 금방 가능하지만 주머니의 크기를 키우는 것은 오래 걸립니다. 독서클럽과 글쓰기 스터디를 진행하다 보면 처음에는 아이들의 독후감이나 글이 별로입니다. 처음 한두 달에는 이거 한다고 효과가 있기는 한지 모르겠고 맨날 거기서 거기인 것 같다는 생각이 듭니다.

그런데 놀랍게도 꾸준히 하다 보면 어느 순간 아이들이 쓴 글이 확 발전해있습니다. 축적의 시간을 지나면 깜짝 놀랄 점프를 볼 수 있습니다. 거기까지 시간이 오래 걸려서 문제이지, 안되는 것은 아닙니다.

1대1? 그룹식? 어떤 것이 좋을까요

독서논술학원에도 여러 가지 유형이 있습니다. 학습지 형태에서 하는 곳은 주로 1:1로 진행하고, 학원은 대체로 그룹으로 진행합니다. 학원에서도 각자 진도에 맞춰 책을 읽고 독후 활동을 하는 1:1 스타일이 있기도 합니다.

1:1이든, 그룹이든 중요한 것은 내 아이에게 잘 맞는 형태의 학원이 있다는 것입니다. 조용하고 낯을 많이 가리는 아이라면 1:1이 좋을 것이고, 다른 아이와 경쟁을 통해 실력을 키우는 것이 맞는 아이라면 그룹식이 좋습니다.

그런데 토론을 중점으로 하는 학원이라면 1:1이 좋습니다. 그게 좀 더 안정적입니다. 그룹토론으로 갈 때는 몇 가지를 신경 써서 체크해야 하는데요. 그건 다음 글에서 설명하겠습니다.

수능에서 국어가 점점 중요해지면서 초등 때부터 토론 수업이나 학원을 보내는 분들이 늘어나고 있습니다. 책을 많이 읽는 것이 가장 좋은 방법이지만, 책을 의무적으로 읽게 하고 내용을 정리한다는 측면에서 토론 수업을 받게 하는 것도 좋은 방법이 될 수 있습니다. 다만 주의할 점이 있습니다.

1:1 토론 수업을 추천합니다

초등학생 토론 수업의 경우 가능한 그룹 형태의 수업보다는 1:1 수업이 더 낫습니다. 토론은 어려운 일입니다. TV에서 하는 〈100분

토론〉 같은 것을 한 번 보면 아실 거에요. 토론을 통해 유의미한 결론을 이끌어내는 것은 쉽지 않습니다. 서로 자기 말만 하거나 말꼬리 잡고 늘어지기만 하는 경우도 흔합니다. 나름 각 분야의 전문가라고 하는 사람들이 나와서 하는 토론도 이러한데, 초등학생의 토론은 어떨까요?

아이들의 생각주머니 차이는 꽤 큽니다. 이 나이대 애들은 배경지식에 따라 수준이 확확 달라지니까요. 같은 학년이라 해도 말이죠. 이렇게 제각각인 아이들을 이끌고 한정된 시간 동안 각자의 의견을 말하게 하면서 그것을 종합하여 유의미한 학습으로 이끈다는 것은 보통 어려운 일이 아닙니다. 잘못하면 하나의 주제에 대해 몇 가지 논거와 입장만 훑고 넘어갈 우려가 큽니다. 그것은 진정한 토론이 아니겠죠.

그래서 초등 때 토론 수업을 시키려면 가능한 좋은 교사와 학생이 1:1로 하는 형태의 수업이 낫다고 봅니다. 적어도 학습의 방향이 산으로 가지는 않을 테니까요. 그리고 아이의 수준에 맞춰 토론을 이끌어가야 아이의 국어 실력을 잘 키워줄 수 있습니다. 아이마다 다른 지적수준을 고려한다면 그룹수업보다는 1:1 수업이 더 효과적입니다.

그룹수업이라면 이런 점을 고려해 주세요

그룹수업 형태의 토론 수업을 시켜야 하는 상황이라면 몇 가지 점을 체크할 필요가 있습니다.

첫째, 아이들의 수준입니다. 학년별로 묶는 수업은 좋지 않습니다. 테스트를 통해 비슷한 지적수준을 갖춘 아이끼리 한 클래스를 구성하는 경우가 좋습니다. 수준별로 팀을 짜서 토론 수업을하는 것을 추천합니다. 또한 지적수준이 비슷하다 하더라도 토론은 말로 하는 것이기 때문에 말하기 수준도 비슷하면 좋습니다.

보통 초등학교 때는 여학생이 남학생보다 두뇌발달이 빠르고, 특히 말하기는 여학생이 남학생보다 훨씬 더 잘합니다. 토론 수업인데 말을 잘하는 한 두 명만 말을 많이 하면 다른 아이들은 그냥 듣기만 하고 끝나는 경우가 많습니다. 이런 점을 고려해서 팀을 구성하는 것을 추천합니다.

둘째, 교사가 경험이 많아야 합니다. 초등학생은 아직 자기통제가 되지 않기 때문에 아이들을 이끌어가는 교사의 역할이 무척 중요합니다. 가능한 해당 분야에서 오랫동안 아이들을 지도해본 교사가 좋습니다. 국문학과를 나오는 등 관련 전공을 했는지도 중요하지만 그

것보다는 실제로 아이들을 가르쳐본 경험이 많은지, 특히 그룹식 토론 수업을 많이 해봤는지를 확인할 필요가 있습니다.

셋째, 아이들 숫자는 적을수록 좋습니다. 최대 4명을 넘어서는 것은 좋지 않습니다. 토론이란 말을 많이 해봐야 하는데, 아이들이 너무 많으면 토론의 효과가 떨어집니다. 여러 아이들이 한마디라도 말을 하려면 숫자는 적을수록 좋습니다.

논술학원을 고를 때
이런 걸 고려해야 해요

국어가 중요해짐에 따라 어려서부터 논술학원을 보내려는 부모님들이 늘어나고 있습니다. 그래서 질문도 많이 받습니다. 'xx 학원이 좋나요? oo 학원이 더 좋을까요? aa 학원에 친구 아들이 다니는데 거기가 좋아보여요.'

논술학원은 백인백색입니다. 프랜차이즈 학원 경우 지점마다 차이가 큽니다. 그래서 딱 어디를 가라, 거기가 좋다 라고 말하기가 어렵습니다. 대신 논술학원 고를 때 체크해야 할 포인트는 몇 가지 말씀드릴 수 있겠네요. 이걸 참고하셔서 논술학원을 골라보세요.

논술학원 선택의 제1 기준

논술학원은 무엇보다 강사가 중요합니다. 아이의 생각을 이끌어 줘야 하기 때문입니다. 지식을 전달하는 과목과는 다릅니다. 아이와 잘 맞는, 좋은 강사를 만나는 게 무엇보다 중요하기 때문에 꼭 강사와 상담을 해보고 결정해야 합니다. 큰 학원의 경우 상담을 하는 사람과 실제로 가르치는 강사가 분리되어 있습니다. 가능하면 실제 강사와 얘기를 해보는 것을 추천합니다.

강사만 좋다면, 아이와 강사가 잘 맞는다면 다른 모든 것을 떠나 그 학원을 최우선으로 보내야 합니다. 정말 좋은 강사를 만나는 것은 힘듭니다. 같은 교재로 수업을 해도 강사에 따라 수업의 질이 많이 달라지기 때문에 강사를 항상 제일 먼저 염두에 두고 진행해야 합니다. 강사가 아닌 다른 요소도 중요합니다. 어떤 점을 고려해야 할지 한 번 살펴보겠습니다.

첨삭을 해주는지

논술은 글쓰기입니다. 일단 많이 써봐야 실력이 늘어납니다. 그런데 쓰기만 하고 피드백을 받지 못하면 발전이 더딥니다. 무엇을 잘못 썼는지, 좋은 논리전개란 무엇인지 등을 첨삭을 통해 배워야 합니다. 글쓰기는 이론 강의만으로는 성과를 거두기 어렵습니다. 글을 실제로 쓰고, 첨삭을 받아서 뭐가 잘못되었는지를 직접 느껴야 합니다. 시행착오를 통해 스스로 깨달아가는 것이 글쓰기 실력 향상의 정도입니다.

그런 점에서 학생이 쓴 원고를 첨삭해주는 학원이어야 합니다. 이때의 첨삭은 맞춤법보다는 내용, 논리전개 등에 더 중점을 두어야 합니다. 맞춤법은 심하게 말하면 막판에 집중적으로 가르칠 수 있지만 논리전개는 쉽게 익히기 어렵습니다. 논리전개를 제대로 배우고 익히려면 시간이 오래 걸리는데, 그 시간을 조금이나마 줄여줄 수 있는 방법이 바로 첨삭입니다.

첨삭을 제대로 해주는 강사를 만나야 합니다. 대형학원의 경우 첨삭을 조교나 알바에게 맡기는 경우가 많은데 그러면 실력이 늘기 어렵습니다. 그들이 첨삭을 얼마나 잘해줄지는 복불복이기 때문입니다.

저도 그런 알바를 해본 적 있지만, 보통 알바가 첨삭을 할 때는 모범답안을 보고 적당히 몇 줄 써주는 것에 그칩니다. 그런 점에서 가르치는 강사가 직접 첨삭을 해줘야 합니다. 이렇게 하면 아이의 약점을 파악해서 향후 더 좋은 강의로 이어질 수도 있습니다. 강의 따로 첨삭 따로 가서는 충분한 효과가 나오기 힘듭니다.

퇴고를 지도하는지

글을 첨삭만 받아서는 안됩니다. 첨삭을 받고, 나아가 토론까지 한 뒤에 이를 바탕으로 퇴고를 해야 합니다. 제일 좋은 것은 글을 통째로 다시 써보는건데, 그게 시간상 어렵다면 부분이라도 퇴고를 해봐야 합니다. 첨삭을 받는 것이 學의 영역이라면 퇴고를 해보는 것은 習의 영역입니다. 학은 배우는 것이고, 습은 익히는 것입니다. 퇴고를 함으로써 글쓰기 근육을 제대로 단련할 수 있습니다. 퇴고를 통해 학생은 새롭게 글을 반추하며 더 나은 논리 전개방법을 습득할 수 있습니다. 한 번 글만 쓰고 이후 퇴고 과정을 거치지 않는 논술수업은 절반에 불과합니다.

관련 책 추천을 해주는지

좋은 글을 쓰기 위해서는 좋은 글을 많이 읽어야 합니다. 논리전개도 그렇고 관련 지식 측면에서도 그렇습니다. 뭘 알아야 쓰죠. 보통 논술학원은 수업에 직접적으로 쓰이는 책은 잘 제시를 해줍니다. 그런데 거기서 한 발 더 나아가 관련된 책을 제시해줄 수 있어야 합니다. 관련도서를 읽고 소화하는 것은 아이의 몫이지만, 관련 도서를 제시하는 것은 논술강사의 의무입니다.

1권의 책만 읽고 쓴 글과 여러 권의 책을 읽고 쓴 글은 깊이가 달라집니다. B급과 A급을 가르는 열쇠가 여기에 있습니다. 책을 많이 읽고 많이 쓰고 많이 고쳐보는 것만으로도 논술 A급까지는 충분히 올라갈 수 있습니다. 학생이나 부모가 관련 도서를 찾아가며 읽는 것은 힘듭니다. 논술강사가 읽을거리를 더 제시해줘야 합니다. 풍부한 읽을거리를 통해 논술의 기본기를 쌓을 수 있게 말이죠.

우리 아이
국어실력
키우기

한우리 3년 보낸 후기

독서논술학원 중에 유명한 곳이 한우리 독서토론논술입니다. 독서, 논술학원을 고민하는 부모님들이 한 번쯤은 떠올려보는 곳입니다. 한우리는 전국 최대 규모인 1위 업체입니다. 전국 어디서나 쉽게 접근할 수 있습니다. 좋은 독서논술학원이 있어도 우리동네에만 없는 경우가 많은데, 한우리는 그런 걱정을 할 필요가 없습니다.

다른 여러 좋은 독서논술학원이 있지만, 제가 실제로 보내보지 않아서 제가 보내본 한우리에 대한 이야기만 한번 써보려 합니다. 제 경험을 통해 독서논술학원을 고르는 방법에 대해 참고할만한 것이 있지 않을까 합니다.

한우리 독서토론논술 4년 차입니다. 큰 아이가 한우리 독서토론논술을 한 지도 3년이 지났습니다. 4학년 올라갈 때 시작했는데 벌써 중학교에 입학합니다. 한우리를 시작한 계기는 이렇습니다. 그동안 국어공부는 국어 문제집을 가지고 제가 가르치는 방식이었는데, 다른 사람에게 국어를 배우게 하고 싶었습니다. 학원을 한 번도 안 다녀본 아이라 적응 차원에서도 이제 슬슬 학원을 보내야겠다고 마음먹었고요.

국어를 첫 과목으로 선택한 것은 아이가 그동안 책도 많이 읽고 해서 어느 정도 수준이 된다고 판단했기 때문입니다. 제가 원하는 국어 강의는 책을 읽고 책을 이해하고 책에 대해 토론하는 방식의 수업이었습니다. 국어를 설명하는 방식의 수업은 아이가 지루해할 것 같았고. 좋은 책을 잘 읽히는 것이 목적이었죠. 초등학생에게 강의식 학원은 아무래도 무리라고 생각했습니다.

📖 왜 한우리를 선택했나요?

한우리를 선택한 첫 번째 이유는 방문식 수업이 가능하다는 점이었습니다. 한우리는 교습소 형태로 운영되기도 하고 방문형태로 운영되기도 하는데요. 이사 온지 얼마 안 된 상태여서 아이를 혼자 학원에 보내기에는 부담이 있었고 방문수업이 가능한 한우리를 선택했습니다. 저는 딱히 소개받을만한 사람이 없어서 한우리 홈페이지를 통해 본사에 상담신청을 하였는데, 문의할 때부터 1:1로 방문이 가능한 교사를 요청했습니다.

두 번째 이유는 한우리의 시스템 때문입니다. 한우리는 오랜 역사를 가진 곳이라 시스템이 잘 갖춰졌기 때문에 담당교사만 잘 만나면 중간 이상은 할거라는 믿음이 있었습니다. 여기서의 시스템이란 도서목록과 한 달(4회) 수업을 구성하는 방식 등을 말합니다. 오랜 기간 검증을 거친 커리큘럼을 갖춘 곳입니다.

📖 3년을 해보니까 어때요?

먼저 저희는 담당교사와 잘 맞았다는 점을 말씀드려야 하겠네요. 저도 학습지를 몇 번 시켜봤지만 망한 것도 있었습니다. 학습지를 실패했을 때 이유는 여러 가지가 있지만 대부분 교사가 별로여서였습니다. 저는 한우리를 오래 시켰지만, 한우리에 실망하신 분도 계실 거에요. 담당교사와 잘 맞는지가 중요하다고 생각합니다.
제 아이가 수줍음이 많은 편이라서 교사와의 상성이 중요한데, 사전에 전화통화에서 아이의 이런 성격을 말씀드렸더니 실제로 방문한 자리에서 아이에게 붙임성있게 대하는 모습에 마음을 놓을 수 있었습니다. 처음에 방문상담을 할 때 아이에게 살갑게 대하는 담당교사를 보면서 맡겨도 되겠다 싶었죠. 사실 한우리교사를 소개받은 것이 아니라 임의적으로 교사를 배치하는 것이라서 복불복 성격이 강했는데 다행히 좋은 분을 만날 수 있었네요.

그리고 한우리는 책이 참 좋습니다. 저도 초등독서클럽을 운영하고 있는데, 한우리 책은 바로 독서클럽 지정도서로 써도 반응이 좋았습니다. 중고로 한우리책이 나오면 일단 사도 좋을 정도로 리스트업이 잘 되어있습니다. 실제로 수업을 해보니 책 선정부터 마음에 들었는데 여러 분야에서 좋은 책을 가려 뽑아 놓았습니다.

한우리에서는 매주 1권의 책을 읽는데, 이정도면 초등에서는 괜찮은 독서량입니다. 한 주에 한 권씩, 4권을 나가는 게 한 달 진도입니다. 책은 분야별로 다양하게 있어서 독서편식을 막을 수 있고, 각 책마다 활동이 잘 짜여있어서 아이에게 도움이 되었습니다.

그리고 한국사 등을 특강으로 들을 수 있는 구성도 있습니다. 저희도 첫 한국사 공부는 한우리 선생님과 함께했는데 전반적으로 흐름을 잡아준다는 측면에서 만족했습니다.

아이들에게 진짜 국어 실력을 키워주려면

저는 워킹대디입니다. 직장을 다니면서 집안일을 하고 아이들을 가르칩니다. 아이들을 가르치면서 떠오르는 생각과 느낌, 경험을 블로그에 기록하고 있습니다. 제 블로그에 오는 분 중에는 워킹맘, 워킹대디가 많습니다. 그동안 어떻게 직장을 다니면서 집안일도 하고 아이들을 가르칠 수 있느냐는 질문을 많이 받았습니다.

"공부습관을 잘 들여놓았더니 이제는 큰 힘을 들이지 않고도 할 수 있습니다."

제 대답은 늘 하나입니다. 공부에 있어 습관이 매우 중요하다고 생각하기 때문입니다. 특히 초등학생 때는 선행학습의 진도를 몇 년 나가는 것보다, 당장 성적이 잘 나오는 것보다 공부습관을 잡아주는 것이 더 중요합니다. 우리나라 입시는 결국 정해진 시간 동안 일정한 양을 얼마나 소화하느냐에 달려있는데, 공부습관이 잘 들은 학생은 이런 과정을 잘 헤쳐나갈 수 있기 때문입니다.

매일 또는 매주 꾸준히 공부를 하다보면 자연스럽게 성실한 습관이 자리 잡게 됩니다. 매일 문제집을 풀고 책을 읽고, 매주 독후감쓰기를 하는 과정에서 공부가 일상이 됩니다.

몇 년 동안 매일 조금씩 국어공부를 해온 제 아이들은 이제 계획에 따라 스스로 공부를 합니다. 아이들이 하루에 계획된 분량의 공부를 하면 사진을 찍어 보내주고, 저는 잠깐 확인만 하면 됩니다. 어릴 때부터 공부하는 습관을 들여놓았기 때문에 워킹대디인 저도 일과 가정을 모두 감당할 수 있습니다. 제가 하고 있는 이 방법을 블로그에 공유했고 직접 아이에게 시켜보았더니 효과를 보았다는 이야기도 자주 들려옵니다.

이 책을 펴내기로 결심한 이유가 여기에 있습니다. 아이의 공부문제로 고민하는 많은 분들께 큰 힘을 들이지 않고도 아이들의 국어

실력을 키울 수 있는 방법을 말씀드리고 싶었습니다. 갈수록 어려워지는 국어의 부담을 덜어주는데 이 책이 작은 도움이 되기를 기원합니다.

상위 1%의 공부머리를 키우는
서울대 법대 아빠의
초등 국어 공부법

초판 1쇄 발행 2022년 9월 2일

지은이 설공아빠(김성수)

책임편집 이가영
디자인 Aleph design

펴낸이 최현준
펴낸곳 빌리버튼
출판등록 제 2016-000166호
주소 서울시 마포구 월드컵로 10길 28, 201호
전화 02-338-9271 ㅣ **팩스** 02-338-9272
메일 contents@billybutton.co.kr

ISBN 979-11-91228-87-8 03370
ⓒ 김성수, 2022, Printed in Korea